Alois Wolf

Aus alten Stuben und Kammern

Süddeutscher Verlag

Umschlagentwurf: Franz Wöllzenmüller, München
(unter Verwendung zweier Aufnahmen von Foto Löbl/Schreyer, Bad Tölz)

Das Buch enthält 232 Fotografien,
davon 34 in Farbe, sowie 137 Zeichnungen
und Pläne.

2., durchgesehene Auflage 1978 · 10. Tausend

ISBN 3-7991-5985-1

© 1977 Süddeutscher Verlag GmbH, München
Alle Rechte vorbehalten · Printed in Austria
Gesamtherstellung: Welsermühl, Wels

Inhalt

7 **Zum Geleit,** von Torsten Gebhard

Einführung

9 Romantiker entdecken die Landschaft
9 Frühe Besiedlung
9 Das Bauernhaus – Vom Ständerbau zum Blockbau
11 Wie die Räume des Hauses entstanden
12 Bauernhaus und Nebengebäude
  Kapelle 12
  Zuhaus 14
  Troadkasten, Schupf und Stadel 15
  Badstube und Backofen 16
  Almhütte 17
  Rindenkobel 20
21 Von den Herstellern der Hauseinrichtung: Bauern und Handwerker
21 Verwendete Holzarten
21 Wie man einst Möbel fertigte
22 Die Möbelgestalt wandelt sich
22 Vom Schmuck des Möbels
22 Die uralte Zier
23 Sinnbilder
23 Zierreihen der alten Volkskunst
24 Die bäuerliche Stilkunst
26 Von bäuerlicher Wohnkultur
26 Auch zum Hausrat gehörig: Gerät und Werkzeug

Aus alten Stuben und Kammern

28 Die alte Rauchküche (»Raachkuchä«) – Die Speise (»Stoagadn«)
30 Der G'halter – ein Speisevorratsschrank
32 Stube im Blockbau und getäfelte Stube
33 Decke und Boden
34 »Reichan-Tür« und »gestemmte Tür«
36 Luken und Fenster
38 Wandfeste Einbauten – Vorformen des Möbels
38 Mauervertiefungen (»Kehlä«) und Wandkastl bis 1700
40 Der Stubenofen
41 Tische vor 1700
42 Pfostenstühle im 17. Jahrhundert
43 Der Uhrkasten
44 Urtümliche Truhen
45 Die Truhe im Wandel
46 Die Renaissance bringt neue Formen
47 Die Probststube in Fischhausen
48 Aus dem Wirtshaus in Marbach (Leitzachtal)
50 Vom »Kuchäwagn« (Kammerwagen)
52 Torturmmalerei
54 Der Halbkasten – ein Wäscheschrank
56 Schwarzlot-, Schablonen- und Weiß-Malerei als Möbelzier
58 Stühle im Früh- und Hochbarock

59	Von Kammern und Gängen
61	Herrschaft der Blumenvase in der Faßmalerei
62	Vom Himmelbett
65	Bett-Truhe – Sitztruhe (»Silltruch«)
66	Die Schublade
67	Von den Kleiderschränken
68	Leitzachtaler Kästen
70	Schlierseer Blumenschränke
72	Die Küche im 18. Jahrhundert – Schüsselrehmen
75	Die Bauernstube im 18. Jahrhundert
76	Türen im 18. und 19. Jahrhundert
79	Mauerkehle, Wandkastl und Stell im 18. und 19. Jahrhundert
82	Tischformen im 18. und 19. Jahrhundert
84	Die Bank – Die Fußbank
86	Bauern-»Seßl« im 18. Jahrhundert
88	Beschwingtes Rokoko
90	Namenszüge und Blumen in der Füllung, Streifenmalerei und Marmorierung im Rahmen der Schränke
92	Schutzheilige erscheinen auf Schränken
94	Jahreszeiten- und Schäferschränke – Vom Zopfstil
97	Bekannte heimische Meister
	Johann Nepomuk Pichler in Schliersee 97
	Johann Reiserer aus dem Leitzachtal 100
	Die Brüder Johann und Michael Böham 102
	Dionys Rechthaler aus Schliersee 104
	Lorenz Gruber aus dem Leitzachtal 106
	Die Hafner am Urtlbach am Schliersee 107
	Möbel aus Nachbargebieten – Anton Perthaler 109
110	Die Küche im 19. Jahrhundert – Anrichten
112	Die Stube im 19. Jahrhundert
114	Bauernstühle im 19. und 20. Jahrhundert
116	Aufsätze wölben sich über Kästen und Betten – Bettformen im 19. Jahrhundert
118	Reichtum an Kommoden
122	Letzte Pracht – Ausklang

Anhang

125	Kistler (Schreiner) aus Schliersee
125	Kistler aus dem oberen Leitzachtal
126	Aus einem Schachtelbrief von 1794 für den Kistler am Ledersberg
127	Dankschreiben an den Kunstholzschneider Mayer in Schliersee, 1850
127	Gesellenzeugnis von 1800
127	Vom Hausputz
128	Einige Wort- und Sacherklärungen
129	Quellen und Schrifttum
131	Orts-, Sach- und Personenverzeichnis
135	Nachwort und Danksagung
136	Abbildungsnachweis

Zum Geleit

Die Möbel, die in diesem Band von einem einheimischen Kenner systematisch beschrieben und behandelt werden, fanden sich in einem geographisch engen Raum zwischen Wendelstein und Tegernsee, mit Leitzachtal und Schliersee als Zentrum. Sie gehören größtenteils zu altem bäuerlichem Familienbesitz. Vom Benutzer her, aber nicht sosehr vom Hersteller, werden sie insgeheim als Bauernmöbel bezeichnet. Heute kommt als neuer Begriff die Bezeichnung Landmöbel auf. Wählt man den geographischen Umgriff etwas weiter, so gehören diese Bauernmöbel zu einer altbayerischen Landschaft, die weit über Bayern hinaus seit über hundert Jahren durch Hausbau, Brauchtum, Tracht und Lied, Musik und Tanz bekanntgeworden ist und die von Fremden gerne mit Bayern selbst identifiziert wird. Die hier vorgelegten Forschungsergebnisse sind um so aufschlußreicher, als die erste Monographie über bayerische Bauernmöbel, die von dem Münchner Architekten Franz Zell 1899 herausgebracht wurde, die gleiche Landschaft berücksichtigt hat. Wir erleben hier gleichsam eine Rückkehr zu den Anfängen der Bauernmöbelforschung. Damals sah man freilich nur den farbigen Dekor und stellte vor allem den Kleiderschrank (Gewandkasten, Hängekasten) und die Himmelbettstatt heraus. Die gegenwärtige Möbelforschung interessiert sich grundsätzlich auch für unverzierte, reine Gebrauchsmöbel, deren Formen vielfach auf Jahrhunderte ältere Verhältnisse zurückweisen. Der besondere Wert der Studie liegt darin, daß sie über den Museumsbesitz hinausgreift und auf genauester Kenntnis des einheimischen Privatbesitzes beruht. Alte Inventare werden zum Vergleich herangezogen, auf mundartliche Bezeichnungen wird stets Wert gelegt. Dadurch gewinnt die Darstellung Wärme und Lebensnähe. Das einzelne Möbelstück wird in den ursprünglichen Zusammenhang gestellt. Meist ist dieser heute nicht mehr klar zu erkennen, und die wenigsten vermögen bei der Betrachtung einzelner Tische und Bänke noch auf Größe und Form sowie Einteilung der Stubenwände und Decken zu schließen. Hinter der gemüthaften Darstellung wird auch eine erzieherische Absicht spürbar: Alle jene, die noch solche Möbel aus alten Familienbesitz überkommen haben, sollten sich glücklich schätzen, hier sichtbare Zeugnisse aus der Zeit ihrer Vorväter zu besitzen. Die Möbel können uns ein lebendiges Bild vom Wollen und Denken jener Generationen verschaffen. Sie zeugen zugleich von der Mannigfaltigkeit und den Gradunterschieden im Können von Landmeistern, deren Namen die Forschung heute nur mühevoll wieder aufdeckt. So wird das Buch mehr als ein Bildband, der zugleich sorgfältig gelesen werden sollte, es wird zu einem Preislied auf bayerische Volkskunst in Holz.

Torsten Gebhard

Einführung

Romantiker entdecken die Landschaft

Seit jeher galt das ebene »Feld«, das die Flüsse begleitet, als der Inbegriff der schönen Landschaft, im Gegensatz zum unfruchtbaren, verkehrsbehindernden Gebirge mit seinen Schrecken und Gefahren. Spricht doch schon der Klostergründer Schliersees, Adlung, 779 »von der verlazzen wüst, genant Slyrse« (Übersetzung aus dem Lateinischen).
Doch nach 1800, in der Zeit der Romantik, vollzog sich ein großer Wandel. Dichter, Schriftsteller und Maler entdeckten nun auf einmal die Schönheiten der Berge. In ihrem Gefolge zog ein Strom von Besuchern durch Berg und Tal. Die armen Gebirgsbewohner bekamen eine neue Einnahmequelle durch den aufblühenden Fremdenverkehr.
Lassen wir die Künder unserer Berglandschaft selbst zu Wort kommen:

Von Schrank (1788):
»Das Thal«, das bis Zell, welches auch sonst baierisch Zell heißt, an die Gränze von Tyrol fortgeht, und von der Leiznach durchströmt wird, ist sehr angenehm und romantisch.

Von Schaden (1832):
Das große und schöne Dorf Schliersee.

Von Platen (vor 1835):
Welch ein ganz anderes Erwachen diesen Morgen, als mein erster Blick auf den freundlichen See und seine Ufer fiel und das Lied der Vögel mir entgegenschallte.

Ludwig Steub (1850):
Von allen Landschaften im bayerischen Gebirge ist meines Erachtens keine so regelrecht wie diese, so künstlerisch geordnet mit bedeutsamem Vordergrunde, den die laubreichen Dörfer Westenhofen und Schliers mit ihren Spitzthürmen bilden, mit grünen Culissen oder Rahmen ganz schön gestellt zu beiden Seiten und mit einem großartigen Hintergrund am Schlusse, in welchem Fischhausen, das Dörflein, fast verschwindet – unvergleichliches Bild eines lieblichen Hirtenthales, wie sie der Poesie von jeher theuer waren.

Molendo (1862):
Hier also, in der alten Reichsgrafschaft Waldeck, tritt der Charakter des bayerischen Hochlandes in seiner ganzen Fülle und Frische auf. Das Thalgebiet der Schlierach und Leitzach aber ist als der Hauptsitz frohen, liederreichen und eigenthümlichen Alpenlebens in Bayern seit Alters anerkannt.

Schaubach (1866):
Ein Wald von Obstbäumen verdeckt fast die beiden Dörfer (Schliersee und Westenhofen), welche sich am nördlichen und östlichen Ufer hinziehen, und deren zierliche Spitzthürme das reizende Bild beleben.

J. Harraßer* (1912):
Fast jedes Gehöft, Einöde wie Weiler, bildet auch landschaftlich ein Ganzes für sich und stellt sich mit seiner natürlichen Einfassung und Abgrenzung durch Wald und Busch, Moos, Wasserlauf und Höhenrücken dem Auge als ein abgeschlossenes Fleckchen Erde dar. Und wo etwa das Land von verschiedenen Gehöften zusammenstößt, ist eine starke, breite Zaunhecke, Hag genannt, mit Haselstrauch, Eiche, Ahorn, Linde und Esche, zuweilen Fichte und Tanne, die mächtige Grenzwacht.
Im weiteren Verlaufe befaßte man sich mehr mit den Bewohnern, ihrer Herkunft, ihren Siedlungen, Sitten und Gebräuchen.

Frühe Besiedlung

Im Schlierseer Leitnergraben fand der Oberleitner 1912 eine Steinaxt aus dem vierten Jahrtausend v. Chr., an sich noch kein Siedlungsbeweis. Dieser ist jedoch für die Bronzezeit belegt. Die Urbevölkerung Oberbayerns wurde erst von den Illyrern überschichtet, diese dann von den Kelten nach Südosten abgedrängt. Die Kelten – übrigens den Germanen so ähnlich, daß die einbrechenden Römer sie anfangs von diesen nicht zu unterscheiden vermochten – wurden von den Römern besiegt, die nun die Herrschaft antraten, bis nach dem Zusammenbruch ihres Reiches sich im Raum zwischen Donau und den Alpen, Lech und Enns der Stamm der Baiern ausbildete.

Das Bauernhaus – Vom Ständerbau zum Blockbau

Das früheste vorgeschichtliche Haus war ein Pfostenbau. Dabei wurden zur Errichtung der Hauswände Pfosten neben Pfosten in den Boden

---
* Benefiziat in Birkenstein, Bauernsohn vom Einödhof Harraß, oberes Leitzachtal, auf dem die Harraßer seit 1469 bis in unsere Zeit sitzen; übrigens beachtlich, hier auch die Bauerngeschlechter: Deisenrieder in Deisenried seit 1469, Kloo (Familie) beim Kloo (Hof) seit 1400, Larcher beim Larcher seit 1532, Mainwolf beim Mainwolf seit 1452, Rieder beim Rieder seit 1343, Schnitzenbaumer in Schnitzenbaum seit 1513, Stöger beim Stöger in Stög seit 1451.

a) Rundholzblockbau, »rund aufgeschlossen«: 1 First; 2 Wasserbaum; 3 Rafen.
b) Wand eines Ständerbaues. Zwischen den senkrechten Säulen sind die waagrechten Laden oder Riegel in Schlitze der Säulen eingenutet (»Ladwand«).
c) Blockwand, »gehackt aufgeschlossen«.

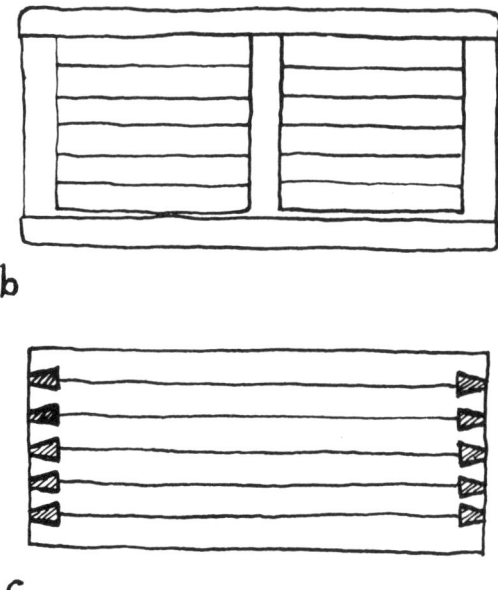

gerammt. Aus dem Pfostenbau haben sich dann der Ständerbau und das Fachwerk entwickelt.
Die Bajuwaren brachten bei ihrer Landnahme den Ständerbau mit (nach A. Seifert). Bei diesem Hausbau wurde ein Balkengerüst errichtet mit senkrechten Säulen und waagrechten Balken, die in den Winkeln der Wände mit Biegen (»Buag«) versteift wurden. Auf den Firstsäulen ruhte der waagrechte Firstbaum (»Firscht«), an dem die Rafen des Steildaches mit Holznägeln angehängt wurden und unten auf der Seitenpfette (»Wasserbaum«) auflagen. Das Dach war damals mit Schilf oder Stroh gedeckt. Die Wand zwischen je zwei Säulen wurde ausgefüllt mit übereinanderliegenden Riegeln oder Laden (starken Brettern), die links und rechts in Säulenschlitze eingenutet wurden. T. Gebhard zum Ständerbau: »Die altbayerische Bezeichnung scheint Ladwand gewesen zu sein.« Der Brandenberger Hintner baute noch 1920 beim Blecksteinhaus einen großen Roßstall als Ständerbau.
Das Steildach behielten hier nur Adel und Geistlichkeit bei. Burgen, herrschaftliche und staatliche Bauten, Kirchen und Pfarrhäuser wurden also auch später mit einem Steildach errichtet. Die bayerischen Bauern des Oberlandes hingegen gingen zum Flachdach der schon ansässigen Bevölkerung über. Hier bis hin zum Bayerischen Wald und in großen Teilen der Alpen war das flache Legschindeldach und das warme Holzblockhaus üblich. Die Blockbauweise wird hier »aufgeschlossen« genannt. Man unterscheidet »rund aufgeschlossen« aus rund gelassenen Bäumen (Stadel) und »gehackt aufgeschlossen« aus kantig behauenen Bäumen (Wohnhaus). Beim Blockbau legt man Stamm auf Stamm (dazwischen »Mias« = Moos) von den geraden Fichten und Tannen und überkreuzt sie an den Ecken. Das Dachgerüst wird im gleichen Blockverband weitergebaut wie die Wände, nur daß die Bäume der beiden Giebelwände immer kürzer werden, auf denen nun im rechten Winkel die Pfetten aufliegen. Bei dieser Bauart hat das Dach aber nur einen festen Stand bei flacher Neigung (»Dachreschn«).
Diese Blockbauweise gab es ursprünglich nur in Skandinavien, und zwar schon in der Steinzeit. Wahrscheinlich brachten sie die Illyrer auf ihrer Wanderung von der Ostsee in den Alpenraum mit (nach A. Seifert). In den letzten Jahrhunderten erstreckte sich die Holzblockbauweise – allerdings nur in Nadelholzgebieten – von den Alpen über die slawischen Länder bis Skandinavien.
Die Siedlungsform in unserem Gebiet war ursprünglich der Einödhof. Kennzeichnend ist hier in Oberbayern, daß Wohnhaus, Stall und Stadel mit Tenne unter einem Giebeldach vereinigt sind. »Menschen und Vieh leben und gedeihen gemeinsam in gleichem Hause; die Stallungen nehmen meist einen wesentlichen Theil desselben ein und schützen durch ihre natürliche Wärme im strengen Winter gegen die scharfe Kälte« (Berlepsch 1866).
Harraßer (1912) vom Leitzachtal: »So macht das alte Bauernhaus meist einen schmucken und recht anheimelnden Eindruck. Mehr breit als hoch, mit den braunen Wänden und dem schwarzen Dach, von den Obstbäumen fast verdeckt... fügt es sich wie ein natürlicher Bestand in die Landschaft ein.«
Bis zum 18. Jahrhundert waren die Bauernhäuser zumeist ohne Schornstein, der Rauch von Herd und Ofen »dampfte durch alle Luken und Spalten des Daches hinaus«. Der Bauart nach unterscheidet man hier zwei Hausformen, das ältere Zwerchhaus mit dem Eingang von der Traufseite und das jüngere Firsthaus mit der Haustüre unter dem First. Bei der Erbfolge übernimmt hier der älteste Sohn den Hof. Grund- und Hausteilung sind hier nicht üblich, daher der Spruch: »A halbert's Haus, a ganze Höll.«

Wie die Räume des Hauses entstanden

Das Innere des früheren Hauses, Jahrtausende nur ein Raum für Mensch und Vieh, können wir uns mit dem einer Almhütte vergegenwärtigen, diese allerdings schon mit einer Stallwand. Humorvoll beschreibt sie Berlepsch 1866: »Die Entree zum Innern der Sennhütte führt sogleich zu den centralisirten Gemächern. Nach altgermanischer Sitte ist Wohnzimmer und Küche, Speiselokal, Ankleidekammer und Schlafgemach zu einem Gesammt-Appartement vereinigt, und hier kann man buchstäblich am gastlichen ›Herde‹ weilen.«

Doch von 1000–1200 an wurde es allmählich üblich, nachweislich zuerst in Südtirol, in die sonnseitige Ecke des Hauses einen Raum mit Fenstern nach beiden Seiten abzugrenzen, ausgestattet mit einem gemauerten Ofen, ähnlich dem damals üblichen Saunabadeofen außerhalb des Hauses. Dieser helle und rauchfreie Wärmeraum, Stube genannt (die alemannische Badestube um 700 hieß stuba*), mit der Sitzgruppe im Fenstereck, wurde nun Mittelpunkt des Hauses, mit den Gebräuchen, die vordem am offenen Herde hafteten. Die Stubendecke, erst ein Satteldach, dann eine gewölbte, schließlich eine flache Balkendecke mit dazwischenliegenden Laden (Bohlen), schloß diesen ersten Sonderraum im Wohnhaus nach oben ab. Darüber konnte nun die Stubenkammer errichtet werden, das Haus wurde zweigadig (zweistöckig). Durch eine Zwischenwand wurde die Küche vom Hausgang, mundartl. »Flöz« (»Flacher« Boden, verwandt mit niederdeutsch »Flett«), abgetrennt. Der darüberliegende Gang heißt der »Söller« (mundartl. »Soja«, von lat. solarium). Darüber liegt der Speicher, hier »Dill« (von den Dielen, den Bodenbrettern), erreichbar durch die »Dilluk«.

In einem Schlierseer Hauseinrichtungsverzeichnis von 1645 werden an Räumen genannt: Khuchl, Staingaden (gemauerte Speise) mit Gewölbe (mundartlich »Gwel«), Haußflöz, Flöz, Camer, Kheller, Soller, Kamer auf der Stuben, Hindere Kamer, Sollerkamer.

In einer Güterbeschreibung des Amtes Schliersee 1617: »Kirchberger: ain Haus unten gmauert, ain Stuben, zwey Kammern, Kuchel und Keller, oben zwey Kammern, 1 Roß und Kuestall, Stadl, Schupfen, ain Kasten, ain Pachofen in der Kuchl, ain Padstuben, ain Piesgärtl, ain gmainprunn, ain Gartl vorm Haus, 4 Pirn und 4 Äpfelpämb.«

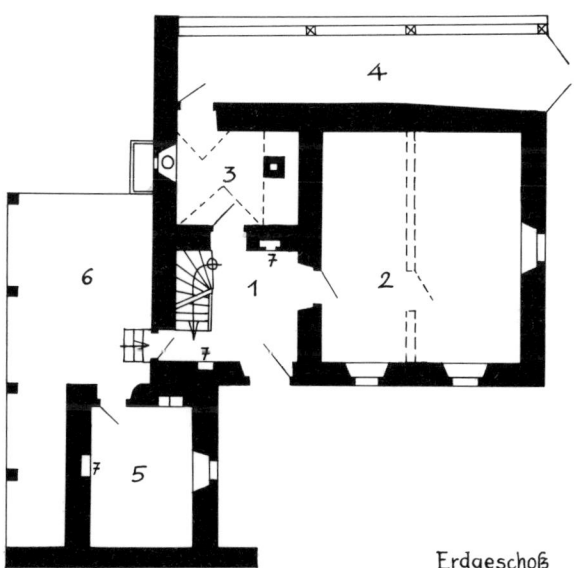

Erdgeschoß

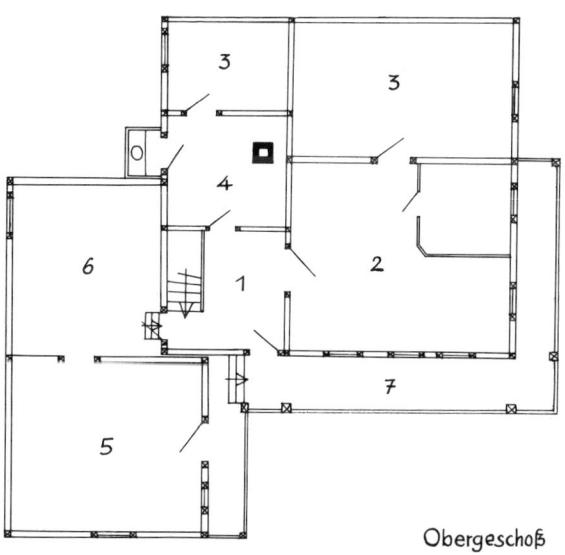

Obergeschoß

Haus zum »Bader« in Wörnsmühl, um 1500. 1971 abgebrochen. Erdgeschoß gemauert, Obergeschoß Holz; Blockbau:
a) 1 Fletz (Flur); 2 Stube, später abgeteilt; die Balkendecke jetzt im Heimatmuseum Schliersee; 3 Gewölbte Rauchkuchl mit Abtritt unter dem Fenster; 4 Auf Mauersockel verschalter Raum mit Tor; 5 Keller, liegt drei Stufen tiefer; 6 Verschalte Schupfe; 7 Mauernischen.
b) 1 Söller; 2 Stubenkammer mit Felderdecke, Tram und Wandgetäfel, wandfester Bank und Klapptisch. Vor einem Fenster ein kleines Abteil aus Brettern, mit Sims und Sockel abgetrennt; 3 Kammern mit Felderdecke; 4 Räucherkammerl mit beworfener Holztonnendecke; 5 Troad-(Getreide-)Kasten; 6 Verschalte Schupfe; 7 Laube (Altane).

---

* Joachim Hähnel hat neuerdings (1975) in einer umfangreichen Arbeit »Stube« nachgewiesen, daß das Wort »Stube« von »Stubbe« (hohler Baumstumpf) herkommt und in Bedeutungserweiterung schließlich einen von Holz umgebenen Raum bezeichnet.

Bauernhaus und Nebengebäude

Seit Ende des Mittelalters sind im Bauernhaus des Oberlandes Wohnhaus, Stall, Tenne und Stadel unter einem Dachfirst vereint, zuletzt als »Mittelflurhaus« mit dem Eingang unterm Giebel und den Wohnräumen zu beiden Seiten des Hausgangs. Diese Mittelflurhäuser des Miesbacher Landes werden nach 1800 von den Architekten als die »zweckmäßigste Hofanlage Europas« (v. Wiebeking) entdeckt und sind weitum zum Vorbild geworden. Um 1900 wird besonders vom künstlerischen Standpunkt aus die Bauweise dieser Bauernhäuser hervorgehoben, wiederum von Architekten (Zell, Aufleger) sowie Kunstgeschichtlern (Halm). »So kam es, daß das Miesbacher Haus zusammen mit der wiedererneuerten Tracht, mit Musik, Lied, Tanz, Brauchtum und Spiel gesehen wurde und dieser oberbayerische Teilraum zum Inbegriff des Bayerischen erhoben wurde« (T. Gebhard). Zu keiner Zeit jedoch war bei diesem Bauernhoftyp alles unter einem Dach. Jedes Anwesen hatte von jeher Nebengebäude.

Kapelle

Vereinzelt kann man bei einer Einöde eine Hauskapelle finden, oft sogar mit einem Glockenturm. Vom 17.–20. Jahrhundert wurden hier Kapellen erbaut. Der Innenraum und besonders der Altar sind ausgeschmückt mit geschnitzten und gemalten Bildwerken bäuerlicher Frömmigkeit, dazu mit Leuchtern, Blumen und dem Zierat des jeweiligen Zeitgeschmacks. Der Raum ist auch meist mit Betbänken für die Gläubigen ausgestattet, die sich hier zur Andacht vereinen, auch heute noch z. B. zu Rosenkranz, Maiandacht oder Schauermesse um gute Ernte. Sogar in einem Bauernhaus wurde eine Kapelle (2 Stockwerke hoch) gefunden. Manchmal ist es nur ein Hausaltar oder eine Andachtstafel. Gewöhnlich aber wird vor dem Herrgottswinkel in der Stube gebetet.

Spruchgut von Himmel, Hölle und Beichte:

> Wennst an Himmi willst kemma
> muaßt da Handschda (Handschuhe) mitnehma
> denn an Himmi drobn is kalt
> weil da der Schnee obafallt.

> Wennst an Himmi willst kemma
> muaßt a Schneiztüache mitnehma
> denn im Himmi waars a Schand
> wennst di schneizatst mit da Hand.

> Wennst an Himmi willst kemma
> muaßt an Schnupftabak mitnehma

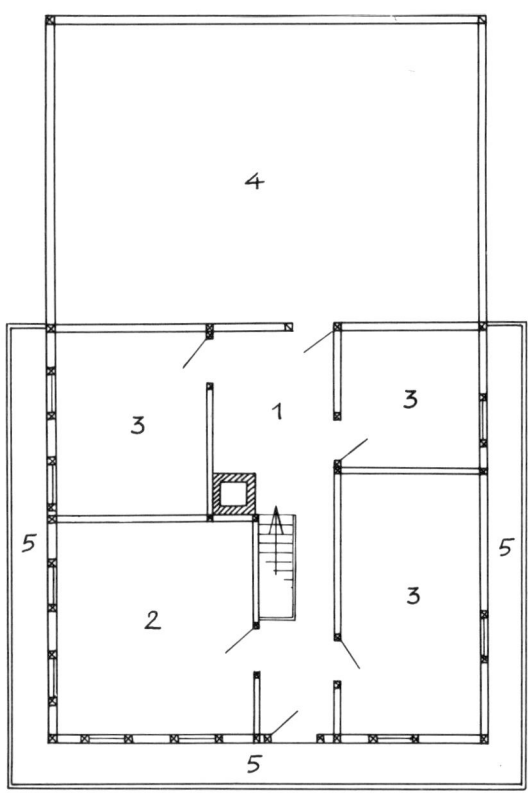
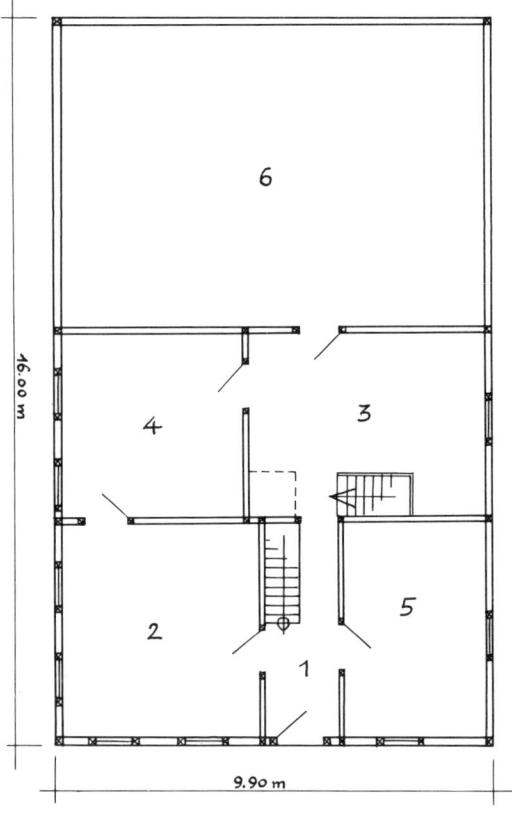

Bauernhaus »Zum Rauchenstein«, um 1600, Holzblockhaus:
a) Obergeschoß: 1 Söller (oberer Hausgang); 2 Stubenkammer; 3 Kammern; 4 Tenne; 5 Laube (Altane).
b) Erdgeschoß: 1 Fletz (Flur); 2 Stube mit Bretterdecke; 3 Küche, darin Kellerstiege; 4 Ehkammer; 5 Kammern; 6 Stall (da abgebrochen, sind Tür- und Fensteranordnung nicht mehr feststellbar).

denn in Himmi nei kimmst gwiß
wennst an Petrus gibst a Pris.

Und wenns waar und daß's waar
und daß sei' kunnt, daß d' an d' Höll kaamst,
so halt no aus, was d' aushalt'n kunnst
net daß 's hoaßt, inser Art daleid't nix.

Im Fruahjahr kemman die drei Müahseligkeiten:
De schiaf'n Weg' (halb aper), d' Osterbeicht und
d' Heunot.

*Andachtstafel aus einem Handwerkerhaus;
H 85, B 36, T 18; Heimatmuseum Schliersee.
Um 1700.*

Altar einer freistehenden Kapelle bei einem Einödhof. 18. Jh.

Altar in einer Kammer eines Bauernhauses; H 215, B 140, T 65. Um 1800.

Zuhaus

Das Zuhaus oder Austragshaus, in unmittelbarer Nähe des Bauernhauses, dient dem Bauern, der sein Anwesen übergeben hat, als kleines Wohnhaus. Es ist mindestens seit Ende des Mittelalters üblich: »1655, Dürnbach Zuhäusl beim Weber am Anger, 10 Schritt lang und breit, welches 3 Stuben und 3 Kammern hat.«

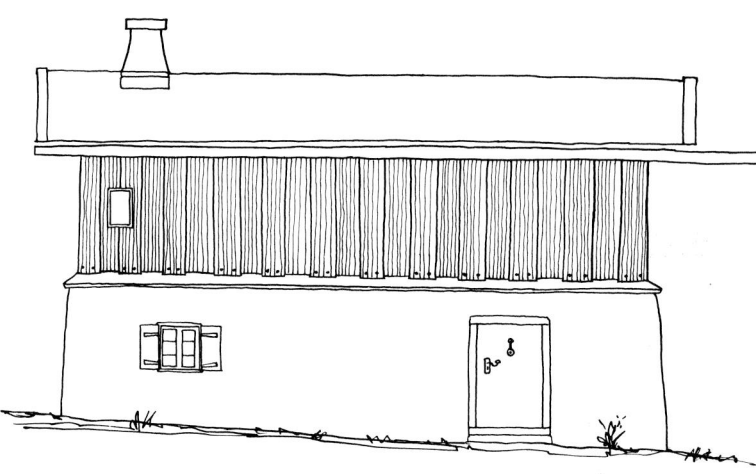

Eingangsseite eines Zuhauses. Erdgeschoß gemauert. Im Obergeschoß die Außenwände »Scherm« (Schirm) = überlukte Bretter. Innenwände und Decke »taafet«, d. h. die Felderdecken und Wände sind getäfelt; profilierte Wandleisten, dazwischen, außer dem Balkengerüst, Hohlraum; trotzdem warm.

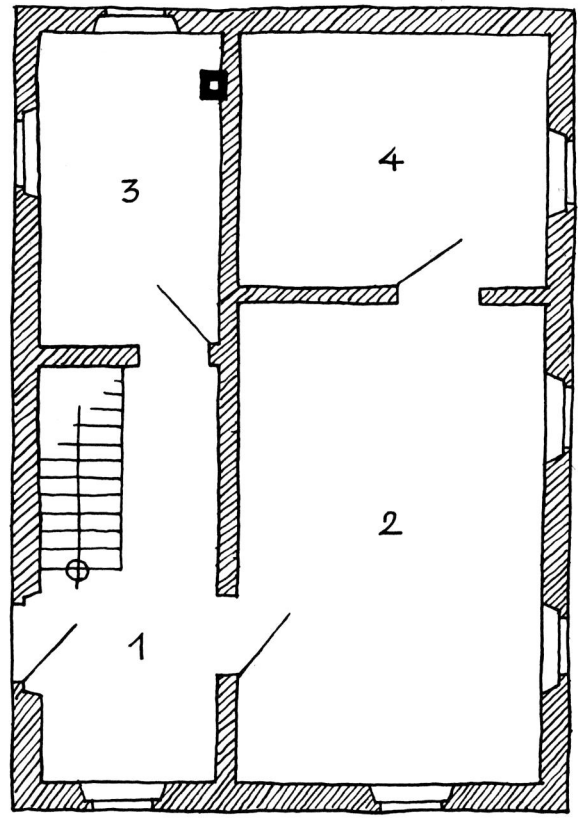 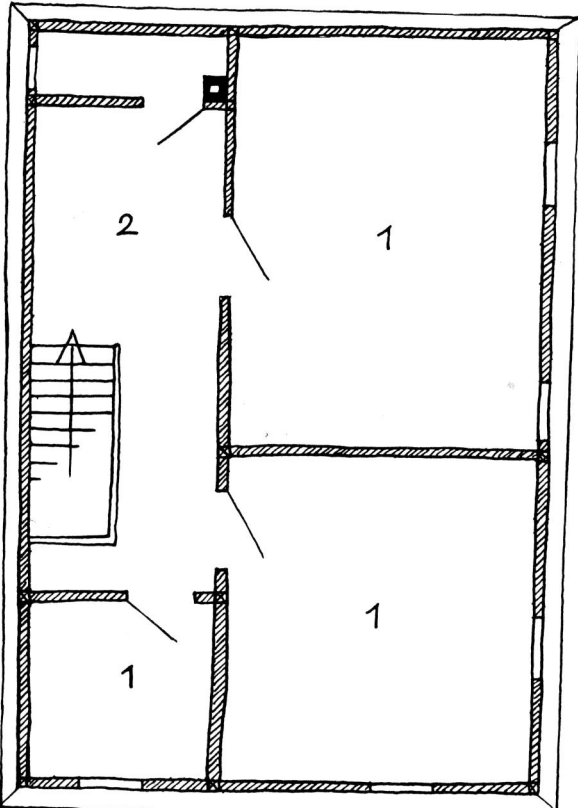

Plan des Zuhauses (Maßstab 1 : 50).
a) Erdgeschoß: 1 Fletz (Flur); 2 Stube; 3 Küche; 4 Kammer. Höhe 225.
b) Obergeschoß: 1 Kammern; 2 Söller (Hausgang). Höhe 200. Böden doppelzöllige Laden (4,8).

14

Troadkasten, Schupf und Stadel

Bis vor etwa 100 Jahren wurde im Oberland überall Getreide angebaut und in einem Nebenbau, dem Troadkasten, gelagert. Liegt er im Erdgeschoß, dann ist darüber die Hofwerkstatt. Häufiger ist er im Obergeschoß, durch eine Außenstiege erreichbar, darunter dann die Wagenschupf.

Im bayerischen Gesetz um 730 werden schon Badstube, Backofen und als Getreidespeicher »parch« (von bergen?) genannt; letzterer ist der Vorläufer des späteren Traidkastens. Dieser ist der »stets am besten abgezimmerte und wertmäßig auch ohne Inhalt teuerste Bau des Bauernhofes« (T. Gebhard). Bei der Besichtigung eines solchen, der im Erdgeschoß liegt, fällt außen die Jahreszahl 1564 auf und ein eingeschnittener Zierstreifen mit Ranken in der nach unten schauenden Abschrägung eines vorstehenden Balkens. Der Balken ist deshalb herausgerückt, damit innen die Bretterdecke aufliegen kann. Die schwere Holzzapfentür wird mit einem Stecken (als Schlüssel) aufgeschlossen. Jetzt fällt Licht in das Innere. Wir steigen über die Türschwelle (»Drischbe«), sehen eine guterhaltene »Stube« im Blockbau ohne Fenster, ohne Ofen (deshalb ganz breite Laden) und ohne Einrichtung, nur linkerhand den über 5 m langen »Troadkouscht« (Getreidetruhe), an den Wänden einige »Reitern« (Siebe), einen Metzen (Getreidemaßgefäß; 1 Metzen = 16 Maß, 16 Metzen = 1 Schäffel) und Almglocken. Die Blockwände sind noch glatt und ohne »Glassen« und wenig gebräunt.

Die kleinen einzelstehenden Schupfen, wie Holz-, Straa-(Streu-) und Wagenschupfen, sind meist über einem Steinsockel als Balkengerüst errichtet, bei dem die Bretter außen nebeneinander angeschlagen sind oder überlukt wie beim »Scherm« (Schirm), der Holzwand auf der Wetterseite des Bauernhauses. Ältere Heu- und Torfstädel sind im Blockbau gezimmert aus Rundholz, die Stangen nicht dicht aufeinander, sondern mit Lüftungsfugen dazwischen.

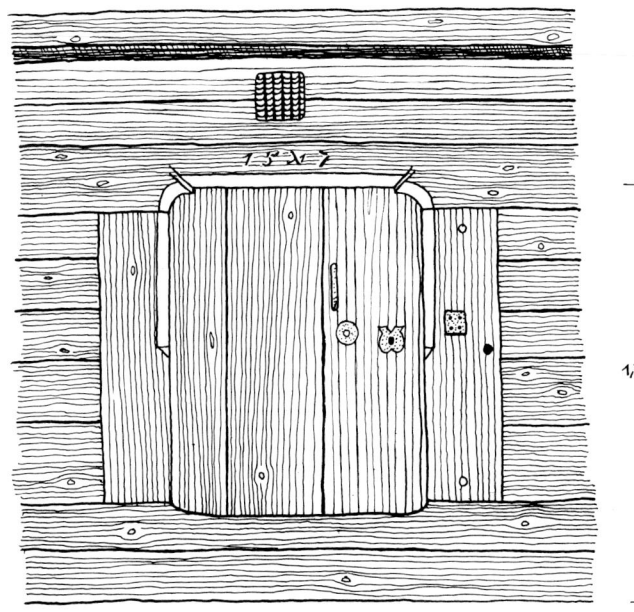

Troadkastentüre von 1547 aus Windwart. Heimatmuseum Schliersee.

Schubschloßvorrichtung an der Troadkastentür von 1547. Als Schlüssel dient der Holzreiber mit dem Gelenk; mit ihm kann man den Riegel öffnen oder schließen.

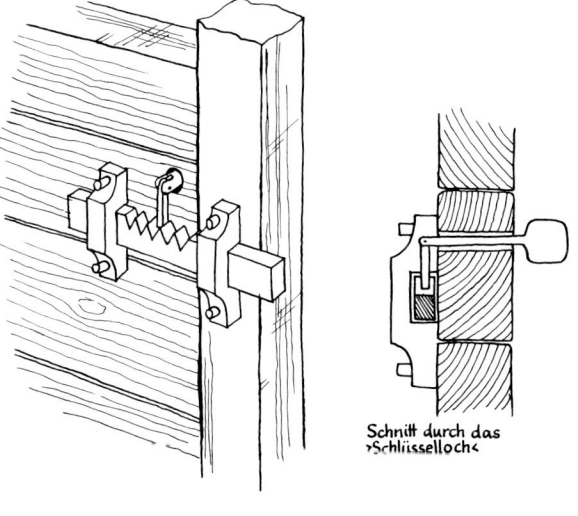

Eingeschnitztes Fries über einer Troadkastentürwand von 1564.

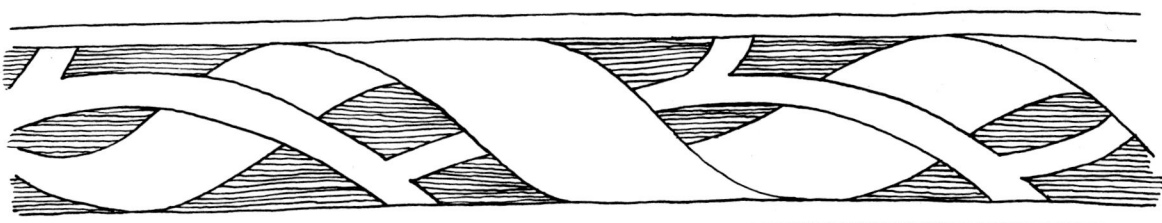

Eingeschnitztes Troadkastenfries aus dem mittleren Leitzachtal; Vertiefung eingeschwärzt.

Badstube, holzaufgeschlossen; der Ofen (links) wird von außen geheizt; rechts das große Vordach (»Füdachä«).

Ansicht des Backofens mit Einschußloch und Rauchabzugsöffnungen im »Bachhäusl«.

Badstube und Backofen

Fünf Feuerstellen gehören zu einer Hofstelle seit dem späten Mittelalter: Küchenherd, Stuben-, Badstuben- und Backofen und Almherd. Alle 31 Anwesen von Fischhausen und Westenhofen besaßen zum Beispiel im Jahre 1617 »Padt und Pachofen«, wegen Feuersgefahr etwas abseits gelegen. Stög 1646: »Von dannen, auf etliche Schritt beieinander, Padstüblen und Pachofen.« Die Badstube ist ein Blockbau mit großem Vordach (Vorlaubenhaus). Im Raum befindet sich ein walzenförmiger Ofen, aus Feldsteinen und Lehm aufgemauert, der von außen geheizt wird. Auf die heißen Steine wurde Wasser geschüttet (der Aufguß der Sauna). Das samstägliche Bad war also ein Schwitzbad. Im Verlauf des 17. und 18. Jahrhunderts wird das Baden aufgegeben, die Badstube aber weiterhin noch lange als Haarbrechstube verwendet zum Dörren und Brechen des Flachses. Am »Kirta-Irta« (Kirchweihdienstag) ging dies an als lustige Gemeinschaftsarbeit mit Schnapsausschank.

»1798 Benedikt Huber, Zimmergesell, hat sich bei der Sixtendirn, jedoch bei Tagszeit, in der Brechstube aufgehalten und wegen des auf sich geladenen Verdachts zur Straf zahlt 84 Kr. 2 hl.«

Das »Pachhaus« besteht nur aus einem überdachten Backofen in der Art des Badstubenofens, jedoch mit Einschub- und Abzugsloch. Im gewölbten Hohlraum wird ein Stoß meterlanger Holzscheiter verbrannt, die Glut mit der »Krucken« verteilt und nach dem Ausräumen der Asche mit dem »Bachwisch« ausgewischt. Dann werden die Brotlaibe mit dem »Brotschießl« eingeschossen. Gebacken wird das Bauernbrot aus Roggenmehl, Magermilch, dem »Ura« (aus Urhab, Sauerteig, Germ), Salz, Kümmel und Koriander.

»Auf der Reinlach-Alpe am Fuß des Windelsteins in der Alpenhütte des Hinter Schweinsteigers den 20. Juni 1811 n. d. Nat. gez. v. F D Maria Anna Regenauerin«. Stadtarchiv Rosenheim.

Glocken des Bergbauern:

a) Schelle »Röllä«, auch »Böllä« genannt, aus Messing getrieben, in einem Fall sogar versilbert; als Schafglöckerl verwendet, wenn mehrere am Halsriemen hängen; dieselbe Form als »Schellkranz« (Halsriemen mit Schellen) am Laufgeschirr der Pferde.

b) Eine Reihe dieser Glocken an einem Riemen oben am »Kammert« heißt Gläut, gesprochen »Glait«; es wird verwendet beim schweren Winterfuhrwerk und beim »Leahardsfahrn«; aus Messing gegossen, mehrstimmig, laut tönend; häufig mit dem Aufdruck »Paris A«.

c) Große Schelle, »Rolln« genannt; aus Eisen geschmiedet; zum Bergfahren im Winter verwendet. Die Rolln am Geschirr des Rosses ist weit zu hören, damit man rechtzeitig aus der Schlittenbahn gehen kann, wenn das Roß vor dem hoch mit Stämmen beladenen Schlitten den Ziehweg heruntertrabt.

d) »Gungerer«. Oft sehr groß; aus Eisen oder Metallmischung geschmiedet, genietet und gelötet, damit sie klingen kann. Der Ton ist tief, aber weit zu hören. Verwendet für Kühe zur Almfahrt, kleinere für Jungvieh oder als »Woadglöckä«. In Fulpmes hergestellt.

e) Speisglocke, aus Bronze gegossen. Der Name kommt von der Glockenspeise, dem Gemisch aus Kupfer und Zinn. Die Glocke klingt laut und hell und singt lang nach. Bei der Almfahrt am »Halsreahm« der Kuh, auch als Hausglocke auf dem Glockenstuhl der Einödbauernhäuser verwendet. Gegossen in Fügen und Jenbach, Tirol.

f) »Tuscher« oder »Tuschglocken«. Ganz große Glocke für Kühe zur Almfahrt. Zusammensetzung wie beim »Gungerer« (d). Tuscher und besonders Gungerer hört man bei einer nahenden Herde eine halbe Stunde weit.

g) Mailänder Glocke für Kühe zur Almfahrt. Herstellung und Ton ähnlich wie Speisglocke. In der Gegend von Mailand hergestellt. Die Glockenriemen wurden früher durch Einpressen von Mustern in das nasse Leder verziert. Erst später kam das Ausnähen auf.

Almhütte

Der »Pluembesuch« (alter Ausdruck), die sommerliche Almweide, ist ein wichtiger Bestandteil unserer Viehzucht. Zahl der Almen (von alpes, einem gallischen Wort, bedeutet hochgelegene Weideplätze): Landkreis Miesbach (größtes Almgebiet Oberbayerns!) 186, Bayrischzell 46, Fischbachau 12, Hundham 5, Schliersee 26 (K. Seibold 1946). Der Niederleger, auf den zuerst aufgetrieben wird, ist meist schon höher gelegen als die höchsten Höfe (Steingraben 922 m, Hochkreut 989 m). Später wird »umg'fahrn« auf den Hochleger. Bis dieser abgeweidet, ist das Gras des Niederlegers wieder nachgewachsen. So sind also bei einem Bauern vielfach zwei Almhütten notwendig. Früher wurden bei Naturalmen (über der Baumgrenze gelegen) die Almhütte aus Stein gebaut, bei Waldrodungsalmen holzaufgeschlossen. Die Almhütte der letzten Jahrhunderte hat drei Räume: »An der Hütt'n drin« mit der offenen Herdstatt, daneben das Kammerl der Almerin mit dem »Kreister« (Liegestatt), hinter beiden der Stall, über diesem das Heu aus dem Almgarten, die Schlafstelle des Küahbuam.

Von der »Hütt'n« (Herdraum) führt je eine Tür ins Freie aufs »Vorhagl« (eingezäunter, überdeckter Vorplatz), ins Kreisterkammerl, in den Stall und eine Falltür in den Keller. Der gemauerte offene Herd mit Galgen und Kessel ist immer an der Kammerseite. Der Herdrauch zieht durch die Dachschindeln ab. Tisch mit Bank, Stell und Schüsselrehm sind meist die einzige Einrichtung. Die Kammer hat eine Decke und außer dem Kreister fast keine Möbel.

Die Almerin, mundartlich »Aiwarin« – selten ein Almerer – »Aiwara« –, braucht allerlei Milchgeschirr: Sechter (zum Tränken und Melken), Milchschaffel, Milchluk und Milchseich (Seiher), Ember (Weidling zum Milchaufstellen), Füspo (Span zum Abrahmen), Rührkübel oder Butterstößl (zum Buttern; Butter = bairisch Ankn), Milchbuttn (zum Tragen auf dem Rücken). Sie kocht mit Foirhund, Drihax (darauf Pfanne), Kaskessel (am Galgen, Schwenkarm).

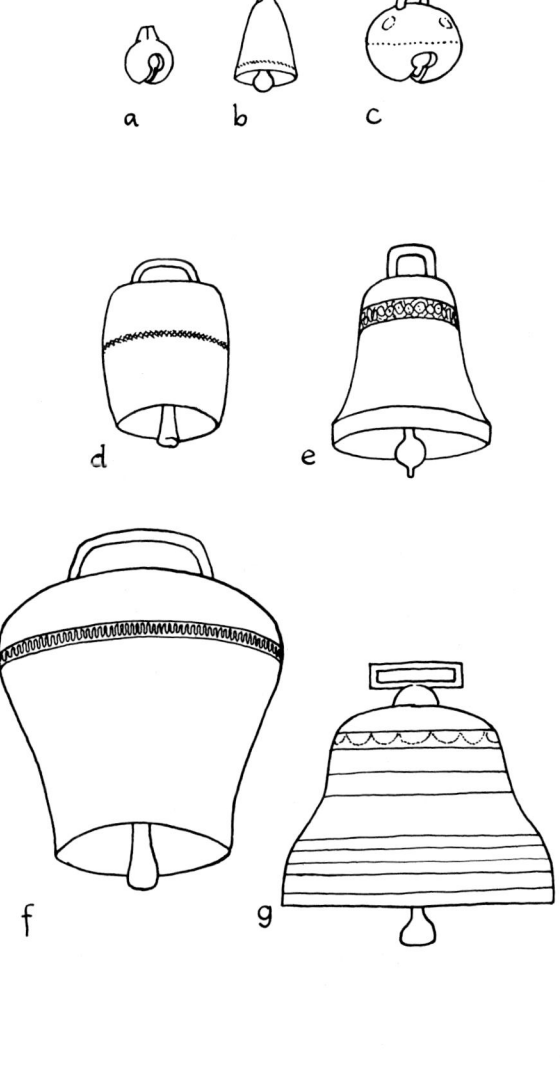

Eine gute Almkost: Weißbaiche – »1 Pfund Topfen und eine Prise Salz verrührt man mit so viel Mehl, daß man mit dem Eßlöffel Nocken abstechen kann. In der Pfanne erhitzt man reichlich Schmalz mit etwas Milch, setzt die Nocken hinein und läßt sie langsam kochen, bis sich unten Ramerl (Krusten) gebildet haben.«

Im Lied heißt's von der einsam hausenden Almerin:

> Ja Schützn, Jager, Metzgerknecht
> juchhe kehrn alle zua
> und wenn ihr koana is der Recht
> na sparrts glei d'Hüttn zua.
> De Metzger greifn soviel drang
> de Jager schlafn gar viel z'lang
> de besten teant no d'Schützn sei
> sie hamt an Branntewei.

So 1798: »Anna Grundnerin, Winkler Alpendirn, hat bei vorgenommener Landstreife aus Bosheit die Alpenhüttentür, ob man sich schon zu erkennen gegeben, nicht aufgemacht, gestraft um 3 Schilling.«

Nach altem Herkommen wird der Almabtrieb mit Liebe und Freude gestaltet, wenn kein Unglück geschehen ist. Dabei sei erinnert, daß die oft weltabgeschieden hausende Almerin für alles allein die Verantwortung trägt. Gute drei Wochen lang muß gebunden werden, bis die Zier der Almtiere fertig ist. In der »Himminacht«, der Nacht ohne Schlaf vor dem Heimfahren, werden die Arbeiten gemacht, die vorher nicht getan werden können, z. B. 150–200 Weidlinge und Seichbrettln »poassn« (auskochen).

»Aufbuscht« und »aufkranzt« kommt dann die Schar ins Tal herab unter dem vielstimmigen

Almeinrichtung. Heimatmuseum Schliersee. Von links:
Unten: Milchschaffl, darauf Milchluk und Milchseich (Seiher) mit Seihtuch; Rührkübl (Stößl zum Buttern).
Darüber: Auf dem Tisch »Pfoholz« (Pfannholz) mit Schmarrnpfanne; Almbuttn (zum Milchtragen); Melchbankä (»Oafuaß«); Schöpf (Wasserschöpfer) und schwenkbarem Galgen mit Kessel.
Darüber: Gungerer (Almglocken); Ember (zum Milchaufstellen; irden heißt dieses Gefäß Weidling); Geißsechter (zum Geißmelken); »Füspo« (Span zum Abrahmen; der Rahm der aufgestellten Milch im Ember oder Weidling setzt sich oben ab); Topfenschild (darin wird der Topfen in ein Tuch geschlagen und mit einem Stein beschwert); »Toaggaz« (Teigschüssel zum Anmachen von Schmarrn).

Almhütte, erbaut 1678. Sitzplatz am Fenster mit Klapptisch, Bank und Hocker; links Kellerstiege. Beim Kellerbau stieß man auf gewachsenen Stein, weshalb der Fußboden erhöht wurde; geradeaus ein als Speisekammer dienender Nebenraum. Klapptisch H 74, L 59, B 49. Fensterbank H 48, L 136, B 44.

Kreisterkammerl derselben Almhütte, mit getäfelter Decke und Wandgetäfel; Kreister (Almbett) mit Vorbank und Sitzplatz mit Tisch und Bank. Kreisterkammerl: H 185, L 340, B 310. Kreister: H 90, L 170, B 120. Schragentisch: H 68, L 92, B 89. Sitzbank: H 46.

Dieselbe Almhütte, mit Herd (am Ofengschal, 1795), Kaskessel am schwenkbaren Galgen; links Türe zum Kreisterkammerl; rechts Türe in den Stall. Almhütte: L 460, B 340. Herdgschal: L 172, B 142, H 58.

Klang der umgehängten großen und kleinen Glocken; voran die Almerin, dann die »Hagmoarin«, die Leitkuh, Kühe, Jungvieh, also »Kalma und Kaiwi«, Schafe, der »Kühbua« und der Alm-»Kratten« (Zweiräderkarren mit »Anz'n«, d. i. Doppeldeichsel, dazwischen das Roß). Kann ein Außenstehender überhaupt erfassen, wie es einer Almerin ums Herz ist, wenn sie nach einem langen Almsommer mit seinen Mühen und Gefahren ihre Schützlinge, ihre Viehschar, heil und vollzählig, wie in einem Festzuge, reich geschmückt und mit schallendem Glockenklang dem heimatlichen Hof entgegenführt? Die Fendl Mari, eine erfahrene Almerin, beschreibt in ihren Erinnerungen: »Mir war ganz feierlich zumute. Mein Herz war erfüllt mit Dankbarkeit an die Vorsehung, die mich auch diesen Sommer wieder behütet hat von allem Unglück und Schaden. Beim Hofe erwarteten uns die Bauern der Nachbarschaft. Die Bäuerin sprach mir voll Freude und Rührung den Willkommgruß, ihren Dank und ihre Anerkennung aus und sagte, es wäre der schönste Almabtrieb gewesen, den sie gesehen hat.« Das Leben auf der Alm – das uralte freie Hirtenleben – muß eine ungeheure Anziehungskraft ausgeübt haben, weil es in so vielen Volksliedern besungen wird.

Rindenkobel

> Im Fruahjahr, wann der Schnee weggeht,
> geahn d'Holzknecht mir an Wald
> an Kobi, der aus Rinden is,
> da bleibn ma jung und alt.

Viele Siedlungen sind bei uns durch Waldrodung entstanden. Man kann sich denken, daß als erste Notunterkunft ein Bau wie der Kobel der Holzknechte gedient hat. Der Kobel, bis vor wenigen Jahrzehnten die sommerliche Behausung der Holzknechte, wurde von der »Partie« (drei bis vier Mann) in drei Tagen errichtet, nachdem ein wassernaher Ort mit günstiger Windrichtung ausgesucht war. Erst baut man drei Gerüste für die Vorder- und Rückwand sowie die Mitte aus Stangen, die miteinander verzapft werden. Beim Verzapfen wird ein Stangenende rechtwinklig zubehauen und in ein dazupassendes, mit Stemmeisen ausgehöhltes Loch der Querstange getrieben. Darauf werden die Gerüste aufgestellt, »verspodlt« (mit Stangln versteift). Dann werden in der Längsrichtung oben und seitlich Stangen darübergelegt und mit den Gerüsten verdübelt, d. h. Löcher gebohrt und starke Holznägel eingeschlagen. Nun werden gefällte Nadelbäume, die im Saft stehen, mit dem Schindereisen »geschunden« (entrindet). Diese fünf bis sechs Meter langen Rindenstücke werden so über das Kobelgerüst gelegt, daß die Außenseite nach unten schaut. Darauf kommt noch eine Lage mit der Rindenaußenseite nach oben. Damit der Sturm die Rinden nicht wegweht, werden schwache Stangen kreuzweise an die schrägen Wände gelehnt und durch eine darübergelegte schwere Längsstange beschwert (gschwaart). Vorder-, Rückseite und Türe erhalten ebenso eine Doppellage Rinden, an den Rändern eingezwickt und mit Stangeln befestigt, die wiederum von Holznägeln gehalten werden. Die Tür dreht sich oben und unten in Zapfen, die in Kappenholz und Schwelle eingelassen sind. Verschlossen wird die Tür mit einem Schnapper. Unterm Giebel des Kobels ist vorn und hinten ein Rauchabzugsloch (»Raachluk«) freigelassen. Die Brandstatt innen heißt »Foirwagn«. In seine Rundholzumrandung haut jeder Holzknecht seinen »Pfannenhoba« (Halter) für die Schmalz- oder Wasserpfanne. Um den Foirwagn sind Bänke, über der Feuerstelle in Längsrichtung die »Aasn« – Trockenstangen für Späne und Gewand. Hinten schließlich befindet sich die gemeinsame Schlafstelle, der »Bugarat«. Zudecke sind Wolldecke und Mantel.

»Die Bo'grad (Bodengred, oder Baumgred?) der Holzknechte in den Salinenwaldungen besteht aus zwey als Kopf- und Fuß-Enden am Boden liegenden Baumstämmen und einer Lage Moos oder Heu zwischen denselben, worauf so ein Waldmann seine ohnehin nur kurze Nacht, süßer als mancher Zärtling die seinige auf Eiderdaunen verschlummert« (J. A. Schmeller).

Im »Wochasack« bringt der Holzknecht Mehl und »a Spodl« voll Schmalz mit. In der »Toaggaz« (Holzschüssel mit Griff) rührt er den Teig an aus Mehl, Wasser, Salz und Schmalz und macht damit seinen Wasserschmarrn in der Pfanne. Getrunken wird Wasser aus dem »Biderer« (nach Reider Martl).

Aus einem Volkslied:

> Lusti mir Holzknecht
> die Bugrad voll Flöh
> de ganz Woch Sag schneidn
> fei d'Arm teant oan weh.
>
> Auf d'Nacht, wenn mir im Kobi san,
> wia gmüatli is' grad da,
> sitzt jeder um sei Feierl rum
> und kocht sei Müasal a.

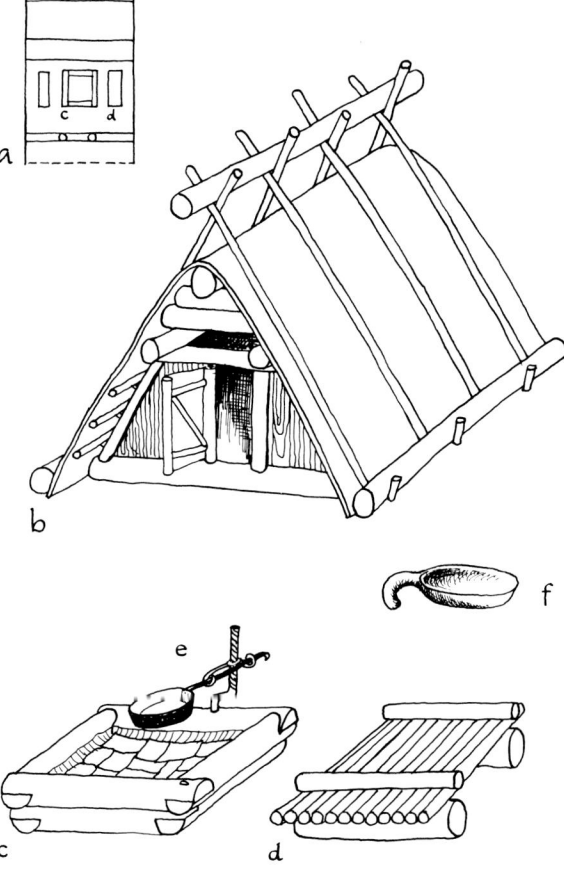

Rindenkobl: a) Grundriß; b) Außenansicht; c) »Foirwagn«, Feuerstelle, mit Feldsteinen ausgefüllt und mit Lehm verstrichen. d) »Bugrat« oder »Bugarat«. Auf die Stangl wird Reisig gebreitet und darauf Lahnerheu; ähnlich werden die Bänke hergestellt. Die Sitzfläche wird mit Rinde bedeckt. e) »Pfannahoba« (Pfannenhalter). Er wird in einem Stamm des »Foirwagns« geschlagen. Zum Schmarrnmachen wird er über das Feuer, zum Essen herausgedreht. f) »Toaggaz«, Teigschüssel zum Teiganmachen, aus einem Stück Holz geschnitzt.

Von den Herstellern der Hauseinrichtung: Bauern und Handwerker

In vorhandwerklicher Zeit wurde das Haus vom Bauern selbst mit seinen Söhnen und Knechten unter Mithilfe der Nachbarn errichtet und mit der notwendigen Einrichtung ausgestattet. Im vorigen Jahrhundert war noch bekannt, daß der Obergschwendtner (Leitzachtal) und der Michlbauer (Hausham) ihren ganzen Hausplan selbst entworfen haben, und der Oberleitner (Schliersee, geb. 1810) seine ganze Stubeneinrichtung selbst geschreinert hat. Die Kenntnis einfacher Zimmermannsarbeit scheint bei der bäuerlichen Bevölkerung von jeher verbreitet gewesen zu sein. Kein Hof ohne Werkstatt, diese meist mit einer Vielfalt von Handwerkszeug. Kleinbauern waren sowieso zugleich Handwerker. Der Zimmermann als Berufshandwerker kann schon früh angenommen werden. Er erstellte das urtümliche und gemütliche Holzblockhaus, das man noch vereinzelt bewundern kann, und fertigte die wandfeste, aber auch die bewegliche Einrichtung. Gerade weil er einen angesehenen und volkstümlichen Beruf ausübte, wird er im Volkslied besungen und dabei gutmütig verspottet:

> Bei die Zimmaleut is aso,
> da oani bohrt schö stad a Loch,
> da anda, der feilt sei Sag,
> dawei werds a so Mittag.
> Da anda, der suacht ums Bei,
> schleifn tean allwei zwoa, drei,
> da anda, der juckt eahm 's Knia,
> gnädi is nia.

Hauptsächlich an den Zimmermann, den Schnitzer (hier erst im 19. Jahrhundert) und den Drechsler (dieser tritt hier wenig in Erscheinung) wird man denken bei der Feststellung, »daß gerade die holzverarbeitenden Kunsthandwerke in Europa nirgendwo so weit zurückreichende eigene Überlieferungen erkennen lassen als eben im Norden« (Müller).

Die zunehmende Bevölkerung brachte weitere Arbeitsteilung mit sich. Schliersee zählte z. B. um 1500 63 Familien, davon 1 Viertelhof (höchstens 8 Kühe), 2 Sechstelhöfe, 23 Zwölftelhöfe, 18 Sechzehntelhöfe und 19 Leerhäuser (diese nur mit Gartenbesitz; nach Gerhard Wittich). Daher suchte man gerne eine Verdienstmöglichkeit, meist als Handwerker, wie es auch eine Inschrift aus dem 18. Jahrhundert besagt:

> Wenn in der Welt ein Handwerksman
> sein Mueh und Fleis tut wenden an
> Tragt Solches ihm sein Narung ein,
> Wie immer mag das Wetter sein.

Seit dem 16. Jahrhundert ist bei uns der Kistler (Schreiner) nachgewiesen (in Tölz seit dem späten Mittelalter, in Regensburg gar schon 1244 eine Handwerksordnung der Schreiner). Für den Schreiner, der mit Brettern arbeitete, war die Erfindung der Sägemühle, deren erste 1295 bei Lenggries belegt ist, äußerst bedeutsam. Ihm, dem vielseitigen Handwerker, wird jetzt die Möbelherstellung übertragen. Wie vordem der Zimmermann am Holz manchmal Zierat mit Schwarzlot und Ochsenblut anbrachte, so übernahm der Kistler nunmehr die stärker in Mode kommende farbige Gestaltung der Möbel meist selbst. Möbelmaler, Faßmaler genannt, können erst im 18. Jahrhundert nachgewiesen werden. Zu nennen wäre noch der Hafner. Eine bedeutende Werkstätte in Schliersee am Urtlbach läßt sich bis ins 16. Jahrhundert zurückverfolgen.

Verwendete Holzarten

Alte Bauernmöbel aus hiesiger Gegend sind fast durchweg aus dem weichen Holz der langen und geraden Nadelbäume gefertigt. Fichten- und Tannenholz war überall vorhanden, wohlfeil und leicht zu bearbeiten. Stühle vor 1700 wurden dagegen aus Hartholz (von Obstbäumen) hergestellt, geschwungene und geschnitzte Teile im 19. Jahrhundert häufig aus Lindenholz, Tischplatten in jüngerer Zeit aus Ahorn (1766 wird »1 achhorner tisch samt den schubladen« erwähnt), ferner Holznägel und Holzknöpfe aus Hartholz.

Wie man einst Möbel fertigte

Bei der ursprünglichen Anfertigung von Möbeln und anderen Gegenständen des bäuerlichen Gebrauchs wurde ein Stammstück, ein Holzblock, ausgehöhlt. Auf diese Weise entstanden: Das große Einbaumboot, der Brunnentrog, die Brentn (Höhlung ausgebrannt), die Baumtruhe, der aus Schweden und Norwegen noch bekannte »kobbestol« – ein Stuhl aus einem stehenden, vorne sitzhohem Stammstück mit entsprechend längerem und ausgehöhltem Rücklehnenteil –, ferner die Sitzbank aus einem der Länge nach halbierten Stammstück, bei dem stehengebliebene Äste als Beine dienten. Auch der Holznapf, die Mehlschaufel, die Holzschüssel, das Molterl (Mulde), die Teiggatze (ital. gaza, daher Gatzlmacher) und der Holzlöffel gehören hierher.

Es wird angenommen, daß eine andere, spätere Herstellungsart, schon in gemein-indogermanischer Zeit (vor 2500 v. Chr.) üblich war. Es ist die Stollen- oder Pfostenbauweise, wie wir sie bei der Dachstollentruhe, beim Pfostenbett und beim Pfostenstuhl finden. Vier senkrechte Eckpfosten sind hier mit gespundeten Laden verbunden. Die Pfosten haben etwa quadratischen Querschnitt. Die Stollen sind senkrecht stehende Bretter. Unter Spunden versteht man das Einschieben der waagrechten Wandbretter in Schlitze der senkrechten Stollen oder Pfosten.

In unserer Gegend konnten diese beiden Fertigungsarten bei Bauernmöbeln nicht mehr nachgewiesen werden, wohl aber eine dritte, die Seitstollenbauweise bei Truhe und G'halter aus sechs zusammengefügten Brettern, wobei die senkrecht stehenden, verlängerten Seitenwände den Truhenkasten vom Boden abheben und die Vorder- und Rückwand auf die Seitenwangen entweder stumpf aufgesetzt oder angeblattet werden.

Bei der Pfostenbauweise verwendete man Hartholz (Eiche, Buche), bei der Seitstollenbauweise vorwiegend Weich-(Nadel-)Holz.

Die zimmermannsmäßige Stollenbauart wird seit dem frühen 15. Jahrhundert zunehmend durch eine neue, vierte Bauweise ersetzt, die des Schreiners: Nämlich einmal durch die Verbindung der Möbelwandteile mit Hilfe der Verzinkung, dann vor allem durch den Rahmenbau mit den dünnen, leichten Füllungen, die dem arbeitenden Holz durch Nut und Feder die Möglichkeit geben, sich bei Feuchtigkeit auszudehnen; es wirft und verzieht sich nicht.

Der Zimmermann verbindet Ständer und Riegel, der Schreiner fügt das Holz zusammen, wie die Maserung läuft.

Die Möbelgestalt wandelt sich

Nicht nur die Bauart bestimmt das Aussehen der Möbel. Der Zeitgeist bringt immer wieder neue Stilrichtungen. Das Gesicht der Möbel wird der veränderten Geschmacksrichtung, der Mode, angepaßt. Je nachdem, was der Zeitgeist für schön findet, wird angestrebt und rückt in den Vordergrund, sei es prächtig, feingliedrig, fest, vornehm, schlicht, behäbig, nüchtern usw. Es ist eben »Schönheit etwas Unbegreifliches« (Goethe). Alte Möbelformen werden durch neue abgelöst. Die veränderte Lebensweise schafft neue Bedürfnisse. Neue Möbelarten tauchen daher auf, wandeln sich im Laufe der Zeit und verschwinden oft wieder. Die Träger der Stilrichtungen sind Adel, Kirche und Bürgertum. Unter Stilkunst versteht man also die höfische, kirchliche und bürgerliche Kunst. Im Gegensatz dazu spricht man von der Volkskunst, von der bäuerlichen Kunst. Hier also Kunst der Herren, dort Kunst der Bauern. Die Trennung zwischen den beiden Kunstarten begann anscheinend schon, als aus dem germanischen Freibauern der von Adel und Geistlichkeit allmählich immer mehr unterdrückte Hörige wurde (Höriger–Herr–hören sind sprachverwandt).

Der ländliche Handwerker nimmt Einflüsse der höfischen und städtischen Kunst nur langsam und mit Auswahl auf, weil er fast abseits lebt, räumlich, wirtschaftlich, gesellschaftlich und geistig. So behält die Volkskunst des flachen Landes die üblichen Möbelarten und Formen länger bei, übernimmt von der Stilkunst, was ihr zusagt und fügt dies in ihre Welt ein. Es werden dabei verschiedene, wenn auch zeitgebundene, landschaftliche Eigenheiten entwickelt und fortgeführt. Dadurch zeigt die Volkskunst ein so mannigfaltiges Bild.

Vom Schmuck des Möbels

Die weitere künstlerische Ausgestaltung des Möbels erfolgte einmal durch architektonische Gliederung. Sie wurde erreicht mit plastischem, hervortretendem Schmuck, z. B. durch vorgesetzte Säulen oder Leisten, die dann auch zugleich die Fläche gliederten. Dazu kam die Eintiefung, hier hauptsächlich durch Schnitzen. Freilich hat die volkstümliche Flachschnitzerei im nord-, mittel- und osteuropäischen Raum eine uralte Überlieferung, doch in unserer Gegend blüht die Schnitzkunst erst um 1800 auf. Wir können allerdings bei unseren Möbeln nur knapp fünf Jahrhunderte überschauen. Das Bemalen des Hausrats jedoch, als dritte Schmuckmöglichkeit, ist hier bald nach Ausgang des Mittelalters nachweisbar, zuerst nur in schwarzer Zeichnung auf Blankholzgrund, dann bald in voller farblicher Freiheit. Die Fläche wird allerdings erst im Laufe des 18. Jahrhunderts grundiert.

Die uralte Zier

Diese Verzierungsart war in Europa ehedem am meisten verbreitet und durch viele Jahrhunderte üblich. Es ist die geometrische Verzierung. Auf diese älteste und volkstümlichste Schmuckart der indogermanischen Völker soll hier deshalb etwas näher eingegangen werden.

Diese Zier besteht aus einfachen geometrischen Zeichen, aus Linien und Flächenbegrenzungen, Zickzack-, Schnur- und Wellenbändern, Dreiecken, Rauten, Kreisen, Stern- und Gittermustern usw. Es wird im allgemeinen darauf verzichtet, Gegenstände sowie Mensch, Tier und Pflanze nachzuahmen und wenn, dann auf den einfachsten Nenner gebracht. In der Hauptsache werden also abstrakte Zeichen verwendet – eine abstrakte Kunst. Diese nüchternen, sachlichen Gebilde lassen vermutlich auch auf nüchtern und sachlich denkende Menschen schließen. Die ursprünglichen Träger dieser Kunstrichtung, die Indogermanen, eroberten in Europa und Asien, von etwa 2500 v. Chr. ab, riesige Gebiete, gründeten Reiche, bauten geordnete Staatswesen auf, gingen aber, da sie meist nur die Herrenschicht bildeten, allmählich in der beherrschten Bevölkerung unter. Erhalten blieben ihre Sprache, ferner, unter anderem, ihre Kunstart, das geometrische Ornament. Diese geometrische Zierart kann man gliedern in Einzelzeichen, die Sinnbilder, und in Zierreihen.

Sinnbilder

Weit über 1000 Jahre nach Einführung des Christentums ist es natürlich schwer, über die Bedeutung der Einzelzeichen als Sinnbilder etwas auszusagen. Diese Zeichen waren wahrscheinlich eng verknüpft mit dem alten, ausgelöschten Glauben. Nach neuerer Forschung sollen die Indogermanen in frühester Zeit in einem Eingottglauben die Sonne verehrt haben. Daher könnte man die Vielfalt der Sonnenzeichen verstehen. Eine Verwandtschaft der Sinnbilder mit den Runen, den alten Schriftzeichen der Germanen, fällt auf. Die hier gezeigte Aufstellung von Sinnbildern ist im wesentlichen den Werken von Nemec und Kislinger entnommen. Danach sollen Sinnbilder einerseits Hilfe gewähren, andererseits Böses abhalten, also sowohl Heil- und Segenszeichen, wie auch Bann- und Abwehrzeichen sein. Nemec erklärt dazu: »War ihre eigentliche Bedeutung auch vergessen, so blieb doch zumindest ein Rest ihres tiefen Sinngehalts durch intuitives Verstehen bis in die jüngste Vergangenheit lebendig.«

Zierreihen der alten Volkskunst

Beim Zierat der alten Volkskunst in der häufigsten Form werden geometrische Zeichen – vielfach wieder Sinnbilder – aneinandergereiht. Obwohl oft nur einfache Zierreihen verwendet werden, erlauben es diese, in sich doch gleichartigen Gebilde, daß man sie übersichtlich und flächengliedernd zu einem größeren Ganzen zusammenfügt, besonders wenn sie mit Farben belebt und begrenzt gegenübergestellt werden. Natürlich wird die Ursache des Entstehens mancher Reihen und Einzelornamente, z. B. Kreisrosette mit Zirkelschlag, auch in Arbeitsvorgängen zu suchen sein. Das Aneinanderreihen und Abwandeln der klaren, einfachen Zeichen war für jedermann leicht auszuführen, erforderte ver-

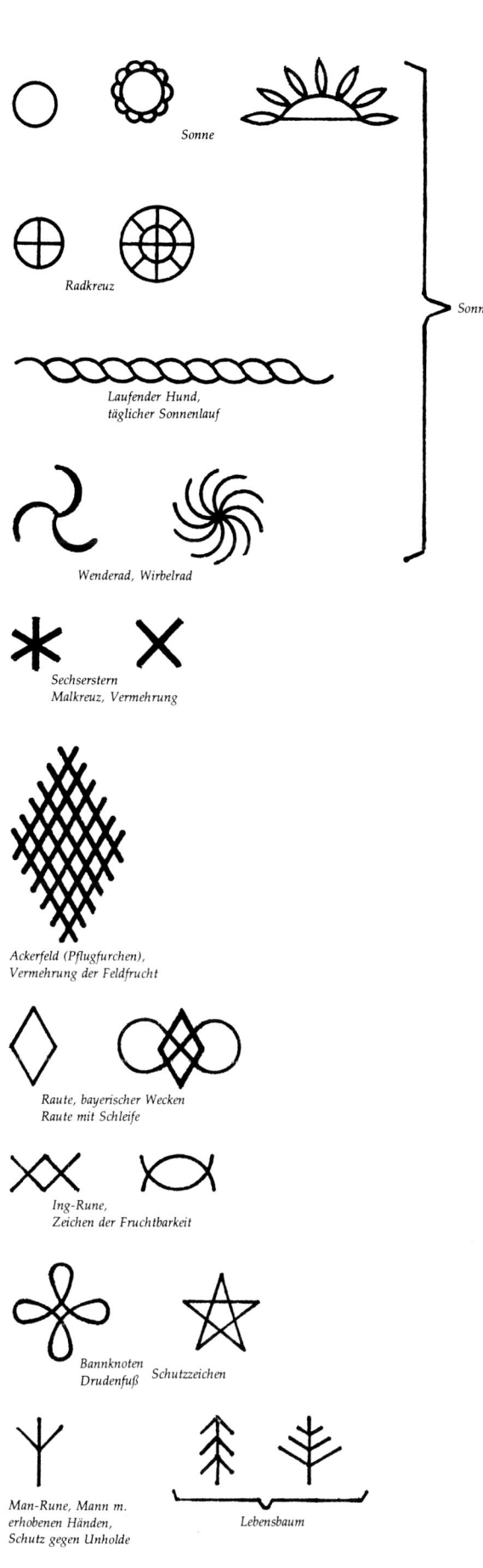

Sinnbilder.

Sonne
Radkreuz
} Sonne

Laufender Hund, täglicher Sonnenlauf

Wenderad, Wirbelrad

Sechserstern
Malkreuz, Vermehrung

Ackerfeld (Pflugfurchen), Vermehrung der Feldfrucht

Raute, bayerischer Wecken
Raute mit Schleife

Ing-Rune, Zeichen der Fruchtbarkeit

Bannknoten Drudenfuß   Schutzzeichen

Man-Rune, Mann m. erhobenen Händen, Schutz gegen Unholde

Lebensbaum

Zopf

hältnismäßig wenig handwerkliches Können und bot so die erwünschte Voraussetzung für eine wirkliche Volkskunst; vielleicht auch ein Grund für die jahrtausendelange Lebensdauer. Jedenfalls waren die geometrischen Ornamente immer wieder benützte, daher fast zeitlose Schmuckformen in vielen Teilen Europas und darüber hinaus in Ländern, die anscheinend irgendwann mit Indogermanen in Berührung gekommen waren.

Die bäuerliche Stilkunst

Die adelige, kirchliche und bürgerliche Stilkunst brachte indes immer neue Formen hervor und hat nur in der Buchmalerei bis zum späten Mittelalter das geometrische Ornament beibehalten. Allein der letzte Stand, der damals verachtete Bauernstand, hat die alte Zier mancherorts noch lange zäh bewahrt. Im Gegensatz zu vergleichbaren Gebieten, vor allem einigen Gegenden Oberösterreichs, hat sich im Mangfallgau die alte Volkskunst nur schwer erhalten können. Möglicherweise hat hier das dichte Netz der Klöster Tegernsee, Weyarn, Schliersee und Fischbachau dazu beigetragen; denn diese Klöster bildeten jahrhundertelang bedeutende Bildungsstätten. Die hiesige, wohl stets am Alten hängende, doch zugleich künstlerisch aufgeschlossene und begabte Landbevölkerung – die früher mit ihrer Fronarbeit übrigens auch die wirtschaftliche Blüte der Klöster gewährleistete – konnte sich dem übermächtigen Einfluß der prunkvollen Kloster- und Kirchenbauten nicht entziehen. Der Zeitgeist pulste bis in unseren abgelegenen Winkel. So werden wohl seit langem mehr und mehr die Zierformen der Stilkunst übernommen worden sein mit ihren organischen Formen und bildhaften Darstellungen, dabei allerdings bäuerlich gestaltet. Hauptsächlich von der Renaissance ab (1600), können wir die Einwirkungen der Stilkunst auf die bäuerliche Kunst überschauen. Wie unterscheiden sich überhaupt Stil- und Bauernmöbel? Einige grobe Gegenüberstellungen mögen dies verdeutlichen.

Zierreihen aus vorgeschichtlicher Zeit von Mittel- und Nordeuropa, 3000–500 v. Chr.

Stilmöbel	Bauernmöbel
Hartholz	– *Weichholz*
furniert	– *nicht furniert*
poliert	– *roh, gewachst*
nicht bemalt (Ausnahme Weiß mit Gold)	– *oft bemalt*
plastisch	– *gemalt vorgetäuscht*
Intarsien	– *mit Schablonen malerisch nachgeahmt*
vielgliedrige Ausgestaltung	– *vereinfachte Ausführung*

Geometrische Zierreihen aus geschichtlicher Zeit (1. Jahrtausend n. Chr.).

Geometrische Zierreihen aus Europa in den letzten Jahrhunderten.

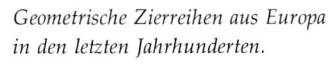

Schweden

Norwegen

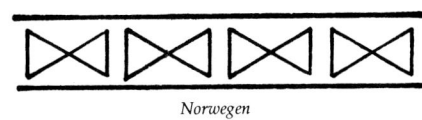
Norwegen

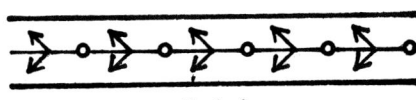
Norwegen

Finnland

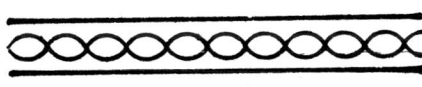
Deutschland

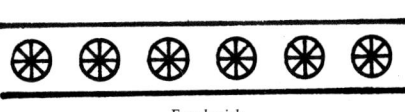
Frankreich

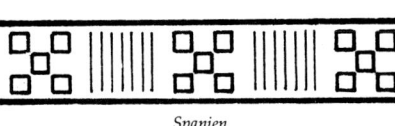
Frankreich

Spanien

Balkan

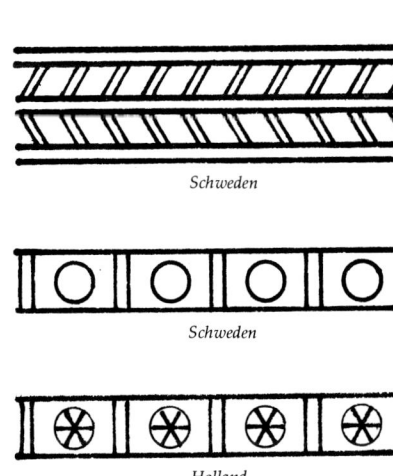

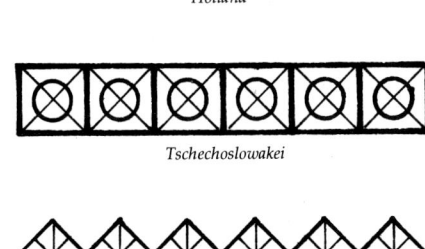

Balkan

Zierreihen in Oberösterreich.

25

| feinere Formen | – handfeste haltbare Formen |
| Messing- und Bronzebeschläge | – Eisenbeschläge, höchstens verzinnt |

Wann sind Bauernmöbel als bäuerliche Stilmöbel anzusprechen? Wenn sie Merkmale der Stilmöbel zeigen, also Gestaltungs- und Schmuckformen des jeweiligen Möbelstils übernehmen. Allerdings werden neue Stilelemente und Möbelarten oft erheblich später übernommen und dem bäuerlichen Gebrauch angepaßt. Landschaftliche Eigenheiten treten hervor und grenzen so Möbelgebiete ab. Unverkennbar eigenständig stellt sich der Landkreis Miesbach dar, wobei die Leistung und Art der Schlierseer und Miesbacher Handwerker wenig unterschieden werden können. In Zünften zusammengefaßt, wurde das Wirken des Handwerkers geordnet, aber auch gefördert. Dieser vielseitig begabte heimische Handwerker konnte dank des Auftraggebers, nämlich des kunstliebenden Bauernstandes, eine Fülle von Einrichtungsgegenständen schaffen, die uns heute noch erfreut. Wunderbare Blüten der bäuerlichen Stilkunst strahlen auf Truhen, Betten und Schränken und verkünden Lebenskraft, Frohsinn, Zuversicht und auch Verspieltheit.

Von bäuerlicher Wohnkultur

Ein Beobachter aus dem 18. Jahrhundert äußert sich über die Wohnkultur der bayerischen Bauern, daß er sich »mit Wohllust bei dem ländlichen Luxus aufgehalten habe, weil es Schriftsteller gebe, die den Bayerischen Bauer als ein sehr elendes Lastvieh verläumden«. Aus Franz von Paula Schranks Reiseeindrücken 1788: »Die Bauern der Grafschaft Hohenwaldeck sind im Durchschnitt genommen zwar nicht reich, aber wohlhabend – Reinlichkeit, das sicherste Zeichen vom Wohlstande, herrscht im Hause. – Wir kommen endlich nach Elbach, das ein kleines aber artiges Kirchdorf ist, in welchem die Bauart der Häuser die Wohlhabenheit der Bewohner verkündigt. – Die Bauern sind in ihrem Hauswesen reinlich und ihr Hausgeräth ist niedlich und geschmackvoll ohne theuer zu sein.« Ein Spruch (18. Jahrhundert) aus unserer Gegend:

> Zwar alle Menschen in der Welt,
> sollen leben wie's Gott gefällt,
> doch vor allen insonderheit
> sollen leben die Bauersleut.

Auch zum Hausrat gehörig: Gerät und Werkzeug

Bevor wir die Möbel und die sonstige Einrichtung im Bauernhaus betrachten, wollen wir das notwendige Arbeitsgerät nicht übergehen, das früher in einer fast unglaublichen Vielzahl vorhanden war. Das Wirtschaften mit so vielerlei Gerät erforderte übrigens auch ein vielseitiges Können. Was nun von diesen handlichen Gegenständen in den einzelnen Räumen anzutreffen war – auch ein Beitrag, wie man gelebt und gewohnt hat –, das erfahren wir durch alte Verzeichnisse aus Schliersee (1645 und 1665) sowie aus der Gegend von Niklasreuth (1766).
Daraus ein kurzer Ausschnitt:

Im Hausflöz (Gang) 1645:
1 Hilzenes Bädl (Badewanne) 3 Däxen-(Nadelholz-)Äste und 2 Ruetten-(Laubholz-)Khraill (Hacke zum »Zuawikrailln«) 3 Hackhen und 1 Schlöglhackh 1 Dexl (Querbeil) 1 Zimmerhackh (zur Zimmermannsarbeit) 7 paar Khrautmesser (paarweise Hacken zum Zerkleinern) 1 alte Sennsen 1 alter Schäfflsackh (faßt 1 Scheffel Korn).

In der Flöz Cammer 1645:
1 Prottrog und Fuß (Schragen) 7 Multern (Holzmulde) 3 Wasserschöffl 4 Schmalzsechter (Schaff) 1 alt khupferner Brennhafen sambt den gleichen Huet und dazugeherigen Prennschaff (für Schnaps) 2 Neugemachte Plosse camet (Kummet) 7 Alben Putten (zum Milchtragen für die Alm) 1 Eisene Wag mit hilzene Prötlein (Brettlein) sambt etlichen Stainernen gewichten 1 Glockhspeißener (bronzener) Meischer (für Obst und Biermaische) sambt 1 Eisenen Stämpfl 2 Haarhächeln (zum Flachskämmen) 4 Hoche 2 niedere Spün Räder 1 Spulrath 3 Höspl (zum Wolleaufwickeln) 1 Süb 4 Hauen 1 Eisensteckl (zum Graben von Löchern für Zaunpfähle) 7 Holzkhötten (Ketten zum Holzfahren) 2 Ringkhöttl 1 Rürkhübl (zum Buttern) 3 Hilzene Protschissln 1 Par Pies Eisen (Gartenspaten).

Im Gwölbl auß der Khuchl 1665:
2 Ziber (Zuber) 1 veichtes (fichtenes) Khrautprennttl (Schaff) 1 Nudlpröt 4 Eisene Faimb- (Faimb = Schaum) und Schöpflöffl.

Noch zum Herd 1665:
1 Mueser (Pfanne) Feurhundt 1 Dreyfuß 1 Eisene Ofenschaufel 1 Feurhaggen.

In der Andern Cammer auß der Stuben 1665:
1 Kupf. Siedtkhößl 1 Hellepartten 1 Gannz- 1 Halbs mezen (Metzen) Maß von Holz 1 Hilzes Salzkhiberl 1 clains ößig Fäßl 1 Fisch Sperl (Speer) ...

In Haus Flöz 1766:
2 Eisengabeln 3 hilzene u. 1 Eisen Rechen 1 Holz Saag 3 Kimpfln (Wetzsteinbehälter) 2 Stab Eisen 2 Weidlinge (für Milch) 4 Sicheln 1 Schnitzmesser 1 Daxn Kreill 1 Beschlagzeug.

So ginge es weiter in den anderen Räumen: Cammer auf der Stuben, Hindere-, Soller-, Diern-, Knechten Cammer, ober Flöz, auf der Thülln (Speicher), Traid Casten, Roß-, Khue-, Schaaf Stahl, Sattl Cammer, Stadl und Trösch Tennen, Wagenschupfen, Werkstatt und im Hof.

Feuerhund (zum Drauflegen der Scheiter); Dreifuß (zum Draufstellen der Pfanne); Küchellöffel (gelöcherter Löffel); Küchelspitz. Alle Geräte aus Schmiedeeisen.

Zwei Krautmesser; Kienspanleuchter für den Tisch; Daxkreill; Schere; Bohrer.

Aus alten Stuben und Kammern

Die alte Rauchküche (»Raachkuchä«) – Die Speise (»Stoagadn«)

Die Küche wollen wir zuerst besuchen; denn als das Bauernhaus einst nur aus einem Raum bestand, war doch die Herdstelle der Mittelpunkt des Lebens. Wie aus ferner Zeit mutet heute eine alte Küche, mundartlich »Kuchä«, an, von der für uns ein anheimelnder Zauber ausgeht. Haben wir geheime Sehnsucht nach dem offenen Feuer auf dem gemauerten Herd? Denken wir daran, daß sich die Familie vor Einführung der Stube hier vereinte?

Es ist wenig bekannt, daß bei uns Wohn- und Wirtschaftsbauten ehedem getrennt waren, vergleichbar dem Haufenhof oder dem Feuer- und Futterhaus in Osttirol. Erst im späteren Mittelalter wurden Stadel, Stall und Wohnhaus unter einem Dach vereinigt, und, wo möglich, nach Osten gerichtet. Stadel und Tenne auf der Wetterseite schützten so den Stall und dieser den Herdraum vor Kälte. Von letzterem wurde vom 16. Jahrhundert ab der Fletz abgetrennt, der Hausgang, der bei älteren Häusern traufseitig, also seitlich ins Freie führt. Der Herd als unverbrennbarer Teil des Hauses wurde sogar als Grafschaftsgrenze (»March«) verwendet: »1456 ze Awrach durch den hert.«

Der Herdraum, die alte Rauchkuchl mit dem offenen Feuer, war oben offen, so daß man von der Küche aus das Dach sehen konnte. Der Rauch des Herdfeuers (Ahornholz war beliebt, weil es nicht spritzte) stieg an der gemauerten Herdwand in die Höhe, vorbei an den Blockwänden der Kammern, mündete im Dachraum (»Dill«) und zog durchs Schindeldach und die Giebelluke ab. »Für rascheren Abzug des Rauches dient manchmal eine in der Dachfläche liegende Klappe, welche durch ein Gestänge vom Herd aus reguliert wird« [Prof. Aug. Thiersch 1906], »Raachluk« geheißen. Vier Rauchkuchln konnten in Schliersee nachgewiesen werden, die bis ins 19. Jahrhundert diesen weiten Rauchabzug, die »Hur« besaßen.

Damit der Rauch besonders in der Sommerhitze gut abzieht, ist die Küche auf der Schattenseite des Hauses, meist in Verlängerung des Hausgangs.

Sehen wir uns in der Rauchküche ein wenig um: Das Kleingerät, Pfannen, Tiegel, Hafen, Schöpfkolben, Kochlöffel usw., leicht greifbar an den

Längsschnitt durch das Erhardhaus (Echart) in Fischhausen, mit Rauchküche, offener Hur und Dachluk; aufgenommen 1905.

Das frühere Rothmesmerhaus mit der »Raachkuchä«, der Hur und der Dachluk; aufgenommen 1905.

Wänden, die übrige Einrichtung, Tisch, Bank, Anrichte, Wasserzuber und in der Ecke der Aschen »kouscht« für die Wasch- und Putzlauge. Ein Verzeichnis von 1645 aus Schliersee erwähnt »in der Khuchl« noch: alter Khupferner Durchschlag (Sieb), khupf. Khößl, gelöcherter Eisenlöffel (zum Einlegen der Küchel in das Schmalz), Khiechelspüz (zum Wiederherausnehmen), Rübeisen und hilzene Khochlöffl, Schisseln und Deller.«

Wie begann hier der Tag? In der Frühe wurde auf dem offenen Herd die abends vorher mit Asche zugedeckte Glut freigemacht, Späne wurden draufgelegt und mit dem Flederwisch das Feuer frisch entfacht, und dann wurden auf den eisernen Feuerhund die Scheiter gelehnt. Wenn nun das Feuer lustig prasselte, wurde es hell im Raum und durch Strahlung warm. Das Essen wurde zugesetzt. Das Wasser für den Küchengebrauch

gab der laufende Brunnen am Haus, der »Röhrprunn«. Als »Deichern«, Rohre für die Wasserleitung von einer Quelle, wurden Holzstangen verwendet, mit dem fast 3 m langen Deichbohrer durchbohrt, ineinandergesteckt und dann in den Boden verlegt.

Güterbeschreibung Chorstift Schliers 1617: Von 31 Häusern hatten 22 Röhrbrunnen, 2 davon in der Kuchl, 27 einen Keller, 9 ein Gwölbl (Speise). In der Küche führte gewöhnlich die Stiege zum Keller (»Köina«) und die Türe in die stets gemauerte Speisekammer (»Stoagaden«, »Hiahlä«, auch Gwölbl, »Gwillä«, genannt). Beide dienten als Vorratsräume und zum Milchaufstellen. Besonderheiten: Beim Irgenbauern war seit alters im Keller ein Kachelofen aus ganz frühen Schüsselkacheln eingebaut, beim Brooscht eine Eisentruhe eingemauert, bei beiden begann im Keller ein unterirdischer Gang.

Rauchkuchl. Heimatmuseum Schliersee, 15. Jahrhundert, H etwa 8 M bis zum First, L 785, B 508.

Herd beim Braun in Abwinkl, beim Topfenstriezelbacken; aufgenommen 1903.

Aus Feldsteinen (!) gewölbte alte Speiskammer, »Stoagadn« genannt. 16. Jahrhundert, H 235, L 290, B 270.

Der G'halter – ein Speisevorratsschrank

Der Wirtschaftsschrank ist unter dem Namen G'halter, B'halter, Almer (von lat. armarium) von Kärnten bis Oberfranken verbreitet gewesen. In Schliersee wird 1645 »in der Khuchl« »1 leers Khuchen Khästl« genannt. Der abgebildete eintürige G'halter, ein erhaltenes altes »Denkmal« (Ritz), um 1500, ist in Seitstollenbauweise hergestellt. Vorder- und Rückwand sind stumpf aufgesetzt und vorne durch schmiedeeiserne Nägel gehalten. Dieses Kastl hat auch noch die schmale spätgotische Form. Übrigens eine Gepflogenheit aus romanischer Zeit – das Bodenbrett dreimal mit den Seitstollen zu verzapfen – können wir bei diesem Schrank noch ersehen, doch die Verzinkung von Deck- mit Seitenbrett ist eine Neuerung des beginnenden 15. Jahrhunderts. Die Sitte, das Beschläg außen anzubringen, verlor sich im Mittelalter. In den drei übereinanderliegenden Fächern innen werden Lebensmittel aufbewahrt worden sein. Standort war Küche, Speise oder neben dem Räucherkammerl. J. M. Ritz sagt von den alten Speisevorratsschränken: »Bei aller Einfachheit kann man sich dem Kraftvollen ihrer Erscheinung nicht entziehen, und sie besitzen eine besondere geschichtliche Würde!«

Ein später auch halbhoher Wirtschaftskasten (19. Jahrhundert) enthält linksseitig eine Schubladenreihe und rechts Fächer, die mit einer Tür verschließbar sind. Auch der halbhohe Milchschrank kam hier vor mit den runden Blechsieben inmitten der beiden Türen, um für Luftzutritt zu sorgen. Gewöhnlich stellte man aber die Milch zum Entrahmen in irdene Weidlinge auf Brettgestelle in der gemauerten, gewölbten Speise, Steingaden (Stoaga'n, auch Stoagrabm). Ein Hof besaß sogar an die hundert kupferne Weidlinge. Gebuttert wurde mit dem Stößl oder mit dem »Rürkhübel«. Eine Kasteninschrift: »1817 Da hat sich die Not empört da hat die Mutter das Brot in den Kasten eingespört« bezeugt in einfacher, ergreifender Weise die Hungersnot, die auf die Mißernten der Jahre 1815 und 1816 folgte.

G'halter, Küchenschrank um 1500. H 119, B 58, T 45.

G'halter, 16. Jahrhundert; schlanke gotische Form; Sockel ergänzt; innen vier Fächer und ein Halbfach. Die vergitterten Luftlöcher wurden später verschlossen. H 135, B 70, T 39.

G'halter, 18. Jahrhundert; innen drei Fächer und ein Halbfach.
H 105, B 86, T 35. Heimatmuseum Schliersee.

G'halter, 19. Jahrhundert; innen drei Fächer.
H 110, B 92, T 43.

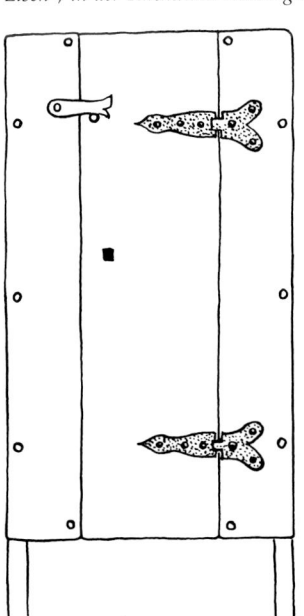
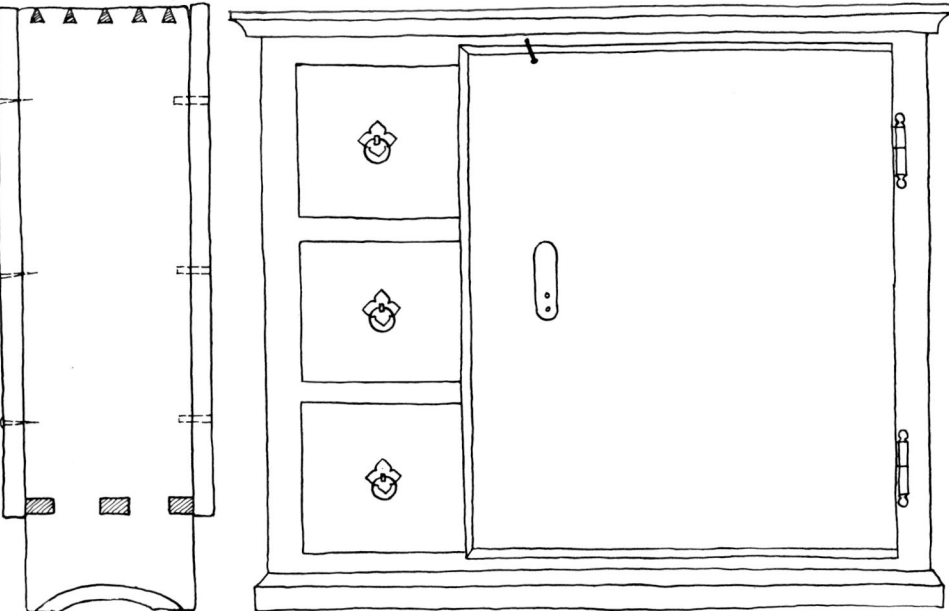

G'halter, um 1500: Vorder- und Seitenansicht. In der Vorderwand Eisen-, in der Rückwand Holznägel.

G'halter, im 19. Jahrhundert ausgebessert; innen drei Fächer; H 103, B 113, T 45.

Stube im Blockbau und getäfelte Stube

Im 13. Jahrhundert hat als erster Dichter Neidhart von Reuenthal die Bauernstube besungen als Mittelpunkt des häuslichen Lebens und der winterlichen Geselligkeit. Und nun, wie sieht's darin aus? Im sonnigen, meist südöstlichen Eck des Bauernhauses liegt die Stube, mundartlich »Stu'm«, ziemlich im Geviert gebaut, die Decke in Reichhöhe, zwei Fenster nach jeder Seite, bei einer großen Dezimalstube (1 Dez. = 34 qm) je drei. In der hellen Ecke zwischen den Fenstern steht der Tisch, ihm gegenüber der Ofen. Tisch und Ofen und fast die ganze Wand sind umzogen von einer fest eingebauten Bank. Bewegliche Einrichtungen sind nur der Tisch und seine lehnenlosen Vorbänke (mundartlich »Fürbänk«). Jahrhundertelang hat sich diese Einteilung als zweckmäßig bewährt. Verwahrmöbel sind außerhalb der Stube. Die Stube ist warm, rauch- und rußfrei, hell, sauber und doch unempfindlich, geräumig, weil die Mitte nicht verstellt ist: »Klare Ordnung und Maßschönheit« (Ritz) zeichnet sie aus. Gemütlich und behaglich empfinden wir sie, jede Stube mit eigener Stimmung. Hier wurden die Mahlzeiten eingenommen, saß man abends beisammen, hier arbeitete der Störhandwerker und hier fanden die lustigen Spinnabende (Gunkeln) statt. Nach dem Spinnen und Stricken kamen nämlich die Burschen, »da is' erst aufganga«. »Na san ma no a bißl lusti in Ehrn! Ja, wo ma ißt, trinkt und tanzt, da bin i so gern« (Hochzeitladerspruch).

Stark und urtümlich wirkt die ältere Art, die holzaufgeschlossene Stube, die Stube im Blockbau mit dem warmen Holzton der gehackten, liegenden Balken. Nur das Ofeneck ist gemauert. Es ist überhaupt ein gesundes Wohnen im Holzhaus. Holz ist wärmer als Mauerwerk. Seit dem 16. Jahrhundert wurde es allmählich üblich, die Stube zu vertäfeln. Bei der Wandvertäfelung, mundartlich »Taafa«, werden die verleimten Holztafeln vom Schreiner unten vom Sockel, oben vom Sims und seitlich von gekehlten Leisten gerahmt. Hinter den letzteren können die senkrecht stehenden Tafeln »gehen«, d. h. sich im Sommer durch die Feuchtigkeit ausdehnen und im Winter durch die trocknende Heizung zusammenziehen.

In der Stube von 1665 wird u. a. noch aufgezählt: 1 Rupfes (grobleinen aus Werg, Abfall beim Hecheln des Flachses) Tischtuch – 2 Zinnerne Gannz Maß und 2 Solche Halbe Maßkandln (Kannen) – 1 des gleichen Pauchets Kandl auf 3 Achtl – 1 Kupferne Pitschen (kegelförmiges Trinkgeschirr mit Handheben und Deckel) – 1 Tuzet Hilzene Täller – 1 Spiehl (Spül) Schäffl (Holzschaff mit 2 Handheben) – 1 Wassersöchter (Schaff mit 1 Handheben) – 1 Flugenwadl (Fliegenwedel).

Getäfelte Stube mit Balkendecke, 16. Jahrhundert; H 216, L 570, B 518. Tisch, eingelegt, 1735; Sessel, 17. Jahrhundert, Heimatmuseum Schliersee.

Alte Bergbauernstube im Blockbau, 16./17. Jahrhundert; Ofeneck gemauert.

Stubenbalkendecke aus dem Baderhaus in Wörnsmühl, 15. Jahrhundert; Sitzgruppe 19. Jahrhundert. Heimatmuseum Schliersee.

Decke in einer Stubenkammer, um 1800. Vier große bemalte Holztafeln, die vier Erdteile darstellend (Europa, Asien, Afrika, Amerika), füllen die Decke der Stubenkammer aus. – Die vier Erdteile sind genau so gemalt in den vier Ecken einer Holztafeldecke (337 × 210): In der Mitte die Mutter Gottes als Immaculata; das Schriftband »Ein beschützerin in Vier Theil der Welt« ist bezeichnet: »1803 Johann Böham, Johann Reiserer«. Die Decke stammt aus der Gegend von Fischbachau (Winkel oder Lehen); jetzt im German. Nat.-Mus. Nürnberg.

Balkendecke im ehemaligen Richterhaus zu Schliersee, jetzt Rathaus, 1477.

Decke und Boden

Die Holzdecke schließt die Stube beruhigend – weil man sieht, wie's »hebt« – und schmückend nach oben ab. Die ältesten Stubendecken, hier aus dem 15. Jahrhundert, sind die Balkendecken. Zwischen zwei Traam (Balken) liegt jeweils ein Laden (Bohlen). Dabei sind die oberen Balkenränder soweit eingetieft, daß der daraufliegende Laden oben mit dem Balken eben ist.
Bei der zeitlosen, schlichten Bretterdecke läuft in der Mitte der Decke ein Traam, der Trag- oder Drillbaum. Darüber liegen quer, an den Enden in die Wand eingelassen, doppelzöllige, breite Laden auf, mit Nut und Feder aneinanderstoßend. Die Decke ist zugleich der Fußboden der darüberliegenden Stubenkammer.
Bei der Felderdecke, seit der Renaissance üblich, werden dreiviertelzöllige (1 Zoll = 2,4 cm), quadratische Holztafeln mit Randleisten unter die Bretterdecke geheftet und der Balken auch verschalt.
Holznägel im Balken dienen zum Aufhängen von Hüten, auch von Schuhen zum Trocknen. Das verschließbare »Spundloch« überm Ofen läßt etwas Wärme in die Stubenkammer. Die Fußböden der Räume sind doppelzöllige Holzböden, nur die Küche war früher zum Teil mit Ziegeln verlegt, Speise und Keller mit hiesigen unbehauenen Steinplatten.

»Reichan-Tür« und »gestemmte« Tür

Vom Mittelalter bis ins 18. Jahrhundert kann man die unverwüstlichen Einschubleistentüren des Zimmermanns, mundartlich »Reichantürn«, verfolgen. Die drei verleimten Bretter dieser Türe werden auf einer Seite, der Zimmerseite, von zwei schwalbenschwänzig eingelassenen Einschubleisten (Gratleisten) zusammengehalten. Diese verhindern auch das Werfen und ermöglichen doch das »Gehen« der Türbretter. Die Reichan sind konisch (verschmälern sich) und sitzen stramm. Ganz alte Reichantüren kommen noch ohne eiserne Bänder und Angeln aus. Am Drehpunkt ist solch eine Türe oben und unten in Zapfenform verlängert. Die Holzzapfen drehen sich in Bohrlöchern unten neben der Schwelle (mundartlich »Drischbe«) und oben neben dem Türsturz (mundartlich »Kappenholz«). Die Bohrlöcher heißen »Angl«. So der Spruch: »Da Zapfa muaß an d' Angl nei.«

Die Zapfenlager wurden mit »Impnwachs« geschmiert, damit sie nicht »garezen« (knarren). Hier sagt man zu einer Holzzapfentür: »Die Tür is an Gschäder drin« (schättern = laut kreischen). Selten trifft man noch »Riegel« als Querholz zum Verschließen der Haustüre. In einem Falle versperrt solch ein vierkantiger Holzriegel innen quer eine Haustüre, links und rechts in einer starken Hausmauer steckend. Will man die Türe öffnen, muß erst der Riegel in die rechte Maueröffnung in seiner ganzen Länge hineingeschoben werden. In einem anderen Falle wird ein flacher Holzriegel in seinem Mittel auch mitten in der Türe drehbar befestigt. Wenn man ihn waagrecht dreht, rastet er sich links und rechts in halboffene Halterungen auf dem Türstock ein und verschließt somit die Türe. Bei einer dritten Verschlußart ist innen, neben der Türöffnung, ein stehender, breiter Balken an der Wand befestigt. Durch einen wandseitigen Ausschnitt in halber Balkenhöhe wird hier wieder ein kantiger Holzriegel zum Zusperren durch den Balkenausschnitt ein Stück über die Tür geschoben.

Einschubleisten-Haustüren sind selten bemalt. Das Aufdoppeln von profilierten Brettchen mittels Holznägel, die zusammen einen Sechser- oder Achterstern, eine Raute oder ein Malkreuz ergeben, ist häufige Bereicherung, doch meist nach 1700.

Die zweite Türart, hier schon im 17. Jahrhundert in der Probststube belegt, fertigte der Schreiner. Es ist die Füllungs- oder Rahmentüre, mundartlich »gestemmte Türe«. Rahmen umschließen dabei eine obere und eine untere Füllung, die mit Nut und Feder eingesetzt sind. Neben der Haustüre ist meist das »Hausfensterl« eingebaut, zur Beleuchtung des Hausgangs und als Ausguck.

Links:
Stubenkammertür, glatte Außenseite in Holzblockwand eingebaut, 15. Jahrhundert; leichte H 153, B 81.

Stubenkammertür mit den Reichan, den Einschubleisten, die sich immer auf der Innenseite des Raumes befinden, um 1700. H 181, B 93.

Rechts:
Bauernhaustüre, 17. Jahrhundert, Schloß neu. Auf eine Einschubleistentür ist hier ein Rahmen mit Füllungen aufgedoppelt, so daß die Türe wie eine Füllungstüre aussieht. H 179, B 126.

Kraftvolles gotisches Türbeschläg, Schwalbenschwanzform, in einer Schlafkammer, L 42, B 15. Heimatmuseum Schliersee.

Luken und Fenster

Erst war die Luke, mundartlich »Luk«, wie man sie noch in der Tenne trifft, innen verschließbar durch einen hölzernen Schuber, mundartlich »Balka« geheißen. Im Waldeckersaal (14. Jh.) des Heimatmuseums Schliersee sind in die Fensteröffnungen Holzkästen eingebaut für Schiebeläden (noch vorhanden) und Schiebefenster. Ob dies in Bauernhäusern jemals so war, kann damit nicht gesagt werden. Die Entwicklung ging von der kleinen Luke zu immer größeren und zweiflügeligen Fenstern, vom durchscheinenden Pergament, über runde Butzenscheiben (seit ca. 1500), verbleiten rechteckigen Glasscheibchen, die in den Holzrahmen eingelassen waren, zu den großen, rahmenfüllenden, verkitteten Glasscheibenfenstern.

»1797 Jakob Pucher, Mainwolfknecht, hat sich unterstanden, einen durch den Amtsknecht ausgeforschten Kammerfensterbuben zu verstecken und zu verlaugnen. Straf 1 fl 8 kr 4 hl« (Brunnhuber).

Schnaderhüpferl

> Wenn i hoam kum,
> geh i ums Haus rum.
> Beim Kammerfensterl klopf i o,
> wenn's fragt wer drauß is,
> sag i Lumpentürl dei Mo.

Stubenkammer-Fenster in Holzblockwand, Ende 17. Jahrhundert, H 76, B 94.

Butzenscheibenfenster, in Holztäfelung eingebaut, 16. Jahrhundert, H 73, B 97 (mit Stock).

Bleiverglastes Stubenfenster, 17./18. Jahrhundert, Fensterläden mit Gratleisten wie bei Haus- und Kastentüren, Tischplatten, Sitzbrettern und Truhendeckeln. H 69, B 85.

Fenster mit Lüftmalerei, 18. Jahrhundert, H 69, B 81.

Fenster im Waldeckersaal (im Heimatmuseum Schliersee), 14. Jahrhundert. Eingebauter Holzkasten für Schiebeläden und Schubfenster; Fenstersitze wie in einer Burg. Fensterholzkasten: H 95, B 137. Fenstersitzhöhe 62.

Fenstergitter aus Holz, zusammengehalten mit Holznägeln, an einer Kellerluke, 18. Jahrhundert, H 39.

Luke in Holzblockwand mit Schuber (»Balka«).

Wandfeste Einbauten – Vorformen des Möbels

Vielfältig sind die wandfesten Einbauten im alten Haus. Einfach und unauffällig fügen sie sich in die Wand ein und dienen zum Aufbewahren des Hausrats, der schnell griffbereit sein soll. Man übersehe diese einfachen Vorrichtungen nicht, waren sie doch Vorformen der späteren Möbel. Bis zu einem halben Meter lang ragen die starken Holzhaken aus der Balkenwand für die Kleider in der Kammer und für die Roßkummete auf dem Söller und im Stall. Kleinere Holznägel in Stubenbalken braucht man für Hüte und nasse Schuhe und in der Küche für die Krüge. Hier brachte man auch Pfannhalter, mundartlich »Pfohoiz«, Schüsselrahmen und Stellbretter, mundartlich »Stöll«, an, letztere auch in Stube, Speise und Keller, ferner Querleisten unter der Stiege zum Einschieben des Nudelbretts. Deckenhaken sicherten Geselchtes vor Tierfraß. Die Rahmenbalken der Rauchkutte, also das umlaufende Kuttenbrett, boten viel Abstellmöglichkeit in Herdnähe für Teller, Schüsseln und Haferln. In der Stube sind noch zu nennen die paarweisen Trockenstangen »bein gro Weda grecht« (beim groben Wetter) und der Handtuchhalter, letzterer, weil nach dem Essen die Hände gewaschen wurden, da man bis ins 18. Jahrhundert noch nicht die Gabel benützte. Auch das Fensterbrett war zum Abstellen nützlich.

Mauervertiefungen (»Kehlä«) und Wandkastl bis 1700

Mauervertiefungen, Wandnischen, hier »Kehlä« (Mauereinkehlungen) genannt, waren vielerorts gebräuchlich. Vier Beispiele aus dem Baderhaus (15. Jh.), Wörnsmühl, im Hausgang und Keller. Boden und Sturz dieser Kehlungen waren Bretter. Im gemauerten Haus wurden auch die in die Mauer eingelassenen Wandkastl zwischen den Stubenfenstern üblich, die mit einem Türl verschlossen wurden. Einmalig ein Stubenwandkastl in der Holzblockwand. Innen war dieses Kastl mit zwei Fächern ausgestattet. Hier konnten Briefschaften, Kalender u. ä. untergebracht werden. 1766 heißt es: »1 unverspöhrtes Cästl, darin 1 plechenes ämperl 9 unterschidliche gebett und ander biechl.«

Wandkastl, mit braunen Querstreifen bemalt, 15. Jahrhundert, H 86, B 66, T 32. Heimatmuseum Schliersee.

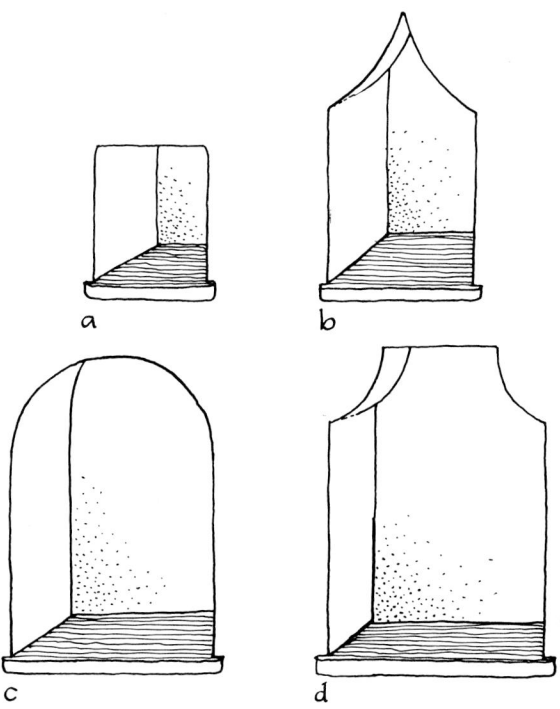

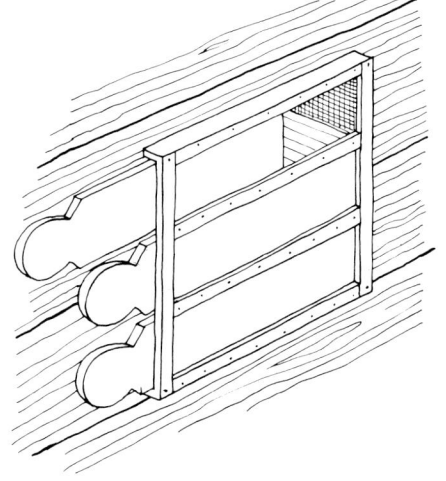

Mauerkehlen (Nischen) im Baderhaus in Wörnsmühl, 15. Jahrhundert: a) im Keller: H 27, B 23, T 29; b) im Keller: H 44, B 30, T 39; c) im Fletz: H 58, B 41, T 29; d) im Fletz: H 62, B 45, T 26.

Schuberwandkastl, 17. Jahrhundert. Zum Öffnen werden die Scheibengriffe nach links herausgezogen. H 34, B 30.

Wandkastl, 17. Jahrhundert, H 62, B 38.

Wandkastl, 17. Jahrhundert; die halbrunde, oben gewölbte Rückwand aus Holz, H 75, B 58.

Wandkastl in einer Holzblockwand, 17. Jahrhundert. Innen drei Fächer, H 60, B 45, T 10.

Wandkastl, Ende 17. Jahrhundert, H 77, B 66.

Der Stubenofen

Schon um 1240 schildert uns der bayerische Dichter Werinher der Gaertenere in seiner Bauernerzählung »Meier Helmbrecht«, wie für den heimkehrenden Sohn eine warme Liegestatt sogar auf einem Ofen hergerichtet wird: »einen bolster und ein küsse weich, daz wart im under den arm geleit (gelegt) uf einen oven warm.«

Der behagliche Stubenofen, mundartlich »Ofa«, mit seiner milden Wärme lockte winters jung und alt in die Stube, besonders zur Sitzbank um den Ofen, mundartlich »Ofabruckn«. Hinter dem Ofen in der »Hell« war der wärmste Platz. Die Schür war von der Küche aus, später auch vom finsteren Ofengangl aus, mundartlich »Kenthaus« (okentn = anzünden). Erst kannte man den mehr liegenden, gemauerten und geweißelten Ofen, vor dem sich das ihn umgebende Holzgerüst (»Of'ngschal«) wirkungsvoll abhob. Zur besseren Wärmeabstrahlung setzte man dann flache Näpfe ein. Im 15. Jh. kamen die Kacheln auf, aus denen nun der Kachelofen gesetzt wurde. Die ersten Kacheln hier datieren aus dem 16. Jahrhundert, vom Hafner am Urtlbach. Die Schüsselkacheln (Faustwärmer) waren die ursprüngliche Form, doch schon vor 1600 wurden hier Kacheln mit reliefartigen Ornamenten und figürlichen Darstellungen gebrannt. Schwarz (Graphit) war die erste Kachelfarbe, bald tauchten andere Glasurfarben auf: dunkelbraun, ocker und grün. Ganz selten, als einzelnes Prunkstück eingesetzt, war eine mehrfarbige figürliche Großkachel.

Tische vor 1700

Am Stubentisch versammelte sich die Bauernfamilie mehrmals täglich zu den Mahlzeiten. Hier wurde der Gast empfangen, hier plauderte man beim »Hoagascht« (Heimgarten), hier wurden die Geschäfte besprochen, hier fand die Brautwerbung statt und hier war der festliche Versammlungsplatz. Der Tisch spielte im Brauchtum eine ähnliche Rolle, die vor Zeiten dem Herde anhaftete. Bei einem Hausverkauf blieb der Stubentisch stehen. Sogar der Saliterer, der früher zur Salpetergewinnung* den Stubenboden aufriß, durfte die Bodenladen unterm Stubentisch nicht anrühren. Den Stubentisch umzuschmeißen galt als grobe Rechtsverletzung. Ursprünglich wurde der Tisch (aus griech. diskos, Scheibe) »schragen« (11. Jh.) genannt. Auf zwei Schragen legte man nämlich eine Holztafel, die nach der Mahlzeit samt Geschirr hinausgetragen wurde. Daher die Redensart, die Tafel aufheben.

Der Schragentisch ist auch die älteste Tischart hier, mit den vier leicht schrägstehenden Beinen, die oben mit Zargen und unten mit Stegen für die Füße (Geltsgott) verbunden sind. Der Stubentisch hat noch eine Schublade für das Tischzeug. Kreuztische gibt es zweierlei, einen quadratischen mit zweimal gekreuzten Beinen um ein Verstärkungsstück als Mittelpunkt und dann den ausgezogenen länglichen Kreuztisch mit gekreuzten Beinen an jedem Ende, die durch einen Steg am Kreuzungspunkt verbunden sind. Eingelegte Schieferplatten sollen für Zahltische verwendet worden sein, oder aber wegen der heißen und verrußten Tiegel.

* Salpeter benötigte man zur Pulverherstellung. Der Saliterer war von der Obrigkeit beauftragt.

Links:
Sesselofen, 18. Jahrhundert. Auf der Ofenplatte kann gekocht und im »Röhrl« gebacken werden. H 148, B 135, T 86.

Ofeneck einer 1842 erneuerten Stube. Kachelofen: H 190, B 145, T 97.

Rechts:
Schragentisch, um 1700. Unter der Tischplatte befinden sich noch (die hier nicht sichtbaren) Lederriemen für die Löffel, H 76, L 114, B 108.

Schragentisch, um 1700. H 77, L 105, B 98.

Tischplatte, 1635. Mittelteil Scagliola-(= Einlege-)Arbeit aus farbigem Kunstmarmor auf schwarzem Grund. L 122, B 93.

Pfostenstühle im 17. Jahrhundert

Stuhl war die gemeingermanische Bezeichnung für den Sitz des Herrn, des Sippenältesten, des Hausvaters, also ursprünglich ein Ehrensitz. Daher auch noch die Ausdrücke, zu Stuhle kommen, Lehrstuhl, Richterstuhl und Heiliger Stuhl. In der Mundart sagt man für Stuhl »Seßl«, für einen mit Lehne »Loahseßl«. In unserem Gebiet sind aus dem 17. Jahrhundert noch eine Reihe von Pfostenstühlen (keine andere Stuhlart) erhalten, vielleicht deshalb, weil sie aus Hartholz (meist von Obstbäumen) sind. Die Herstellungsart ist mit der der Pfostentruhe verwandt. Vier senkrechte Pfosten tragen die Sitzfläche, die hinteren sind verlängert zur Rücklehne, die vorderen bei Sesseln bis zur Armlehne. Als gemeinsames Merkmal besitzen alle etwa in halber Sitzhöhe die manchmal verzierten Querhölzer als Verbindung der Pfosten.

An Stühlen werden 1665 genannt: 1 Kästenpraun angestrichener Lain-(Lehn-)stuehl – 2 Weiße (aus rohem Fichtenholz) niedere Stühlel – 1 Weißer Lainstuehl – 1 mit Töbich (Teppich) gefieterter (gefütterter) Seßl – 1 ungefieterter Seßlstuehl.

Pfostenstuhl, 17. Jahrhundert. Darauf Scheyerner Kreuz. Vermutlich aus dem Kloster Fischbachau. H 108, B 46, T 40. Dieser und die drei folgenden Stühle aus Hartholz.

Pfostenstuhl, 17. Jahrhundert. Stammt, wie auch die Sessel Abb. 70 und 71, aus einem Bauernhaus. H 104, B 43, T 37.

Sessel, um 1700, H 107, B 60, T 62.
Kindersessel, um 1600; hinten Holzradl, H 61, B 36, T 38.

Der Uhrkasten

Die Stubenuhr (aus lat. hora) bürgerte sich langsam, von 1650 an, in der Bauernstube ein. Sie wurde zum besseren Schutz in den wandfesten Uhrkasten eingebaut. Die Uhr in dem Uhrkasten von 1669 wird nur Gewichte besessen haben und kein Pendel, da das Uhrpendel erst 1675 erfunden wurde. Die schmale Gestalt des Kastens zeigt schon, daß er sich nicht für ein Pendel eignete. 1766 wird »1 gross Eisene Schlag uhr« bei der Stubeneinrichtung mit aufgezählt.

Uhrkasten mit Schnitzerei und Bemalung, 1794; H 228, B 44, T 31.

Uhrkasten, 1798; H 220, B 56.

Uhrkasten, um 1800; H 240, B 45, T 33.

Uhrkasten, Mitte 19. Jahrhundert; H 231, B 41, T 27.

Uhrkasten, 1669. Uhr neu.

Urtümliche Truhen

Der Name »Truhe« wie auch Trog sind von germanisch trewa = Baum (engl. tree) abzuleiten. Die »Truch«, wie sie mundartlich bezeichnet wird, ist das älteste Verwahrmöbel. Ihre Verwendung reicht bis in graue Vorzeit zurück. Von unserem Gebiet können zwei urtümliche Truhen vorgestellt werden, die auf ein ehrwürdiges Alter von beinahe einem halben Jahrtausend zurückblicken. Schlichte Schönheit der Form zeichnet sie aus; sie beeindrucken deshalb auch ohne Zier. Sie sind in Seitstollenbauweise angefertigt, die schon beim Oseberg-Fund* (etwa 850 n. Chr.) nachgewiesen ist; frühe Möbelformen waren über Europa und darüber hinaus verbreitet.

Solch eine Truhe ist aus sechs Brettern gefertigt. Die verlängerten, senkrechten Seitstollenbretter heben den Truhenkörper vom Boden ab. Vorder- und Rückwand sind in die senkrechten Seitstollen eingelegt und mit Holzdübeln befestigt. Beide Stücke weisen noch die schmale, schlanke Form aus dem Mittelalter auf. Diese beiden Vorratstruhen, eine zwei-, die andere dreifachig, befanden sich wahrscheinlich in Gang oder Kammer, vielleicht als »Melltruch« oder »Viaschtltruch« für geviertelte Äpfel und »Kloutzn«.

Helmut Nemec über frühe Möbel: »Es entspricht dem Wesen der Volkskunst, daß trotz persönlicher Freiheit und der Lust des einzelnen, zu basteln, doch dessen freie Erfindung nicht ausschlaggebend war. Der Formgedanke der frühen Möbel wurzelt in alter Tradition, deren Quellen kaum eruierbar sind.« Ferner »Daß diese frühen Objekte heute zu hochbezahlten sammlerischen Kostbarkeiten zählen, verdanken sie nicht nur ihrem Alter, nicht nur ihrer Seltenheit, sondern vor allem dem Umstand, daß es sich um gefügte Arbeiten handelt, um durchaus handwerksgerechte Holzerzeugnisse ohne Leim, Nägel und Bänder als bindende Elemente, um Zeugen einer hohen Kultur und Tradition.«

Oben:
Truhe, um 1500. Seitstollenbauweise; innen drei Fächer; Brettstärke 4, Deckel 2,4. H 58, B 154, T 40.

Unten:
Truhe, um 1500. Seitstollenbauweise; innen zwei Fächer; Brettstärke 2,8, Seitstollen 3,8, Deckel 2. H 66, B 151, T 38.

---

* Fürstengrab im Oseberg, Kristiania-Fjord, Norwegen. Grabbeigaben wie Schiff, Wagen, Schlitten, Betten, Truhe und Tisch.

Die Truhe im Wandel

Die weitere Entwicklung der Truhe wollen wir noch kurz streifen. Die hiesige alte Bauart der Seitstollentruhe aus sechs Brettern wurde erst durch eine Fußblende verändert; ein aufgesetztes, ausgeschnittenes verziertes Fußbrett vorne zwischen den Seitstollen.

Die schreinerhafte Verzinkung der Wände brachte vor 1600 den Truhenkasten, der nun auf einen Sockel (Fuß) gestellt – also jetzt eine Truhe aus zwei Teilen – Kastentruhe genannt wurde. Die Stirnseite wurde in zwei breite Felder – meist nur durch Leisten und malerisch gegliedert – und von schmalen Zwischenfeldern eingeschlossen. Griffe an beiden Seiten waren besonders im Falle eines Brandes wichtig, die Truhe dadurch handlicher als ein Kasten. Im Innern der Kleidertruhe ist stets links seitlich ein schmales Fach mit Klappdeckel, der offen senkrecht steht und so das Zufallen des Truhendeckels verhindert. Anschließend daran ist an der ganzen Truhenrückwand entlang ein schmales, seichtes, offenes Fach eingefügt.

Im Schlierseer Einrichtungsverzeichnis von 1645 werden an Truhen unterschieden:
Truchen mit ainem Fuß (Sockel). Flözcammer; doppelte Meltruchen. Kamer auf der Stuben: 4 Truchen darinnen der Ehhalten Claider, Südltruchen (Sitz-) darinnen nichts als alte Hutten (Hadern).

Soller Kamer: gemahlene Sidltruchen darinnen des verstorbenen Rieders sel. Claider alß 1 Härben (aus wergfreiem Flachs) 1 Lein Werchen und 4 Rupfene Hemet 1 Weiß Loden Leibhemet 1 grau Tuch Rockh mit schwarzen Portten 1 Plau wullenes Paar (weil 2 Beinröhren) Hosen mit 3 schwarzen Portten geprämbt (verbrämt) 1 alt Praun wollen Paar Hosen 1 Schwarz Parchete (Barchent, Baumwollflanell) Paar Hosen 1 Weiß (wohl ungefärbt) Pockh heütes Wamms mit grienen seidenen Khnöpfen 1 schwarzen Praiten Huet.

1 gemahlene Truchen der Wittib zugeherig darin noch volgennts (unter anderem):
1 Weiß Gstadl (Spanschachtel) darin etliche Weiberschlayr (Schal) 11 Ihr und den Khündern geherige Khregen (Umknöpfkragen, die bis zum Ellbogen runterreichten) 7 schwarze Weiber Joppen mit örmlen und 2 Eltere ohne örml 1 Rott Tabinen (Taft) Müeder (Mieder) 1 härbener Weiber Stürz (Rock) 2 Weiberhüet 2 dickhe- und 2 flader (Flatter) Mans Khregen.

Sonderformen sind ein Schmucktrücherl, ein eisenbeschlagenes Kisterl von 1637 mit zwölf quadratischen Fächern, eine ebenfalls eisenbeschlagene Kiste, mundartlich »Kischtn«, vielleicht von einem Handwerker. Im 18. Jahrhundert wurde die gewölbte Koffertruhe üblich, woraus der Koffer entstand (Truhe, frz. coffre). Außerhalb des Hauses im Troadkasten, ein Nebengebäude, das, meist im Obergeschoß, einen Raum im Blockbau für Getreide enthielt, wurde die Getreidetruhe eingebaut mit je einem Abteil für eine Getreideart, »Kouscht« genannt. Das Wort stammt von Gehort, also von horten, aufbewahren. Die »Schneidtruchen« in der Tenne benötigte man zum Gsett-(Häcksel-)Schneiden. »Radltruch« bezeichnet man den Schubkarren mit einem trogartigen Behälter. Dazu noch der Leahards-Truchawagen (Loenhardi-Truhenwagen), die Adl-(Odel-) und die Mörteltruch.

»Trüchä« fürs Miedergschnür, Schalknadeln und Ketten, bemalt in Braun und Weiß; um 1700 (Mieder = Mädchen-, Schalk = Frauentracht). H 21, B 33, T 20.

»Geldtrüchä« (Trüherl), Eiche, eisenbeschlagen; innen zwölf quadratische Fächer. 1637. H 13, B 50, T 34.

Die Renaissance bringt neue Formen

Der mächtige Einbruch der Renaissance, der Wiedergeburt der griechischen und römischen Kunst des Altertums, fand auch in der Herstellung der Möbel seinen Niederschlag und veränderte deren Aussehen. Das Formengut der Antike hielt auch im Bauernhause Einzug, hier etwa um 1600. Während man bis dahin hoch und schmal gestaltete, wird nunmehr zum Leitgedanken das Waagrechtbetonte, das Breitgelagerte und Behäbige erhoben. Die Möbelschauseiten und die Stubendecken werden aufgegliedert in die ruhigen, weil richtungslosen und ausgewogenen Geviertfelder (Kassetten). Das neue Gesicht der Einrichtung zeigt Säulen oder Wandpfeiler (Pilaster) mit Sockeln, Säulen- oder Pfeilerabschlüssen (Kapitellen), vorspringenden Simsleisten, Zwischenfelder der Simse (Metopen) und flache Giebel. Neuartige Zierformen füllen die Flächen, aus Holz ausgeschnitten und aufgeleimt, oder vielfach in Farbe auf das blanke Holz gemalt. Der Zimmermann wird vom Kistler (Schreiner) abgelöst. Dieser befaßt sich ausschließlich allein mit der jetzt verfeinerten Möbelherstellung. Ihm zur Seite gesellt sich der Faßmaler. Dieser verwendete vielleicht noch, außer dem im Mittelalter üblichen Schwarzlot und Ochsenblut in Wasser gelöste Trockenfarben (z. B. in der Gegend gefundene Erdfarben, Grünspan usw.), die mit Kleister gebunden wurden (Kleister = Roggenmehl in Wasser geweicht und dann gesotten). Etwa um 1600 wurde die Farbe mit Topfen (Quark) und Kalk angerührt, später verwendete man auch dazu noch Eiweiß und Firnis, und erst um 1800 wurde allmählich die Ölfarbe zum Fassen der Möbel üblich (G. Wasmeier).

Die Kleidertruhen, die Eigentum eines einzelnen waren, werden ausgeschmückt, nicht aber die sonstigen Hauswirtschaftstruhen. Besonders hervorzuheben ist die Zier der Brauttruhe, die den Besitz an gewebtem Gut enthält, wie Bett- und Tischzeug, Wäsche und Kleidungsstücke, ferner Vorrat an Leinen.

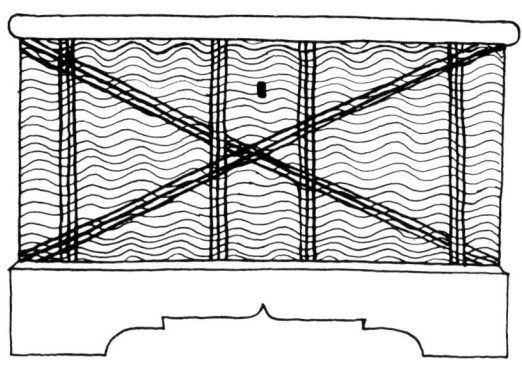

Eisenbeschlagene Truhe, vermutlich Handwerkerkiste, 18./19. Jahrhundert, H 32, B 52, T 29.

Kisterl, 18. Jahrhundert. Innen links seichtes Fach mit Deckel, H 28, B 69, T 37.

Seitstollentruhe mit Fußblende (ausgeschnittenes Brett) unten zwischen den Stollen, schwarze Strichverzierung und Kammzug. Um 1600. H 86, B 73, T 32.

»Troadkouscht« (Getreidegehort, Truhe) im Troadkasten von 1564 (erdgeschossiger Raum in einem einzelstehenden überdachten Blockhaus; s. Abb. 10). Der wandlange »Kouscht« enthält Abteile für mehrere Getreidearten. An der Stirnseite acht gekehlte Leisten übereinander, dazwischen rote und schwarze Farbbänder, H 116, B 530, T 68.

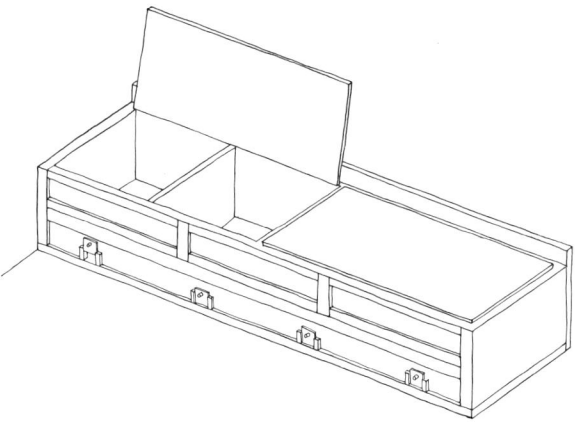

Die Probststube in Fischhausen

In alten Zeiten gehörte Fischhausen zum Chorstift Schliers. Der Verwalter oder Unterprobst hatte seinen Wohnsitz im dortigen Probstbauernhaus (»bein Brooscht«). »Seit jeher saßen auf diesem Hofe die Rechthaler.« Ein Hans Rechthaler, Probst, ließ im Obergeschoß eine Amtsstube, die Probststube, einrichten, an den Türen H. R. 1669.

Die Anordnung ist wie in einer Bauernstube, nur ohne umlaufende Bänke. Die getäfelte Stube ist rein im Renaissancestil ausgestattet. Wandpfeiler mit Abschlüssen, Simsleisten, Zwischenfelder, flache Giebel und Felderdecke beherrschen den Raum. Die ausgeschnittenen Renaissancemuster in den Flächen sind aufgeleimt und wirken intarsienartig. Der zweitürige Wandschrank, in ruhiger geschlossener Formgebung, zeigt als oberen Abschluß erstmalig eine Schubladenreihe. Die kräftig profilierte Sockeltruhe von 1690 bringt in den Bogenarkadenfeldern schon Blumenvasen. Dresselly machte 1896 und 1907 auf diese Stube aufmerksam: »Der stattliche Hof des Probstbauern bekundet schon von seiner Außenseite ein ehrwürdiges Alter. In seinem oberen Stockwerk findet der Besucher ein altes Zimmer, ausgetäfelt und noch vollständig erhalten in seiner echten Alterthümlichkeit und Einfachheit, in der es nun zum Theil schon seit mehr als drei Jahrhunderten besteht. Der riesige grüne Kachelofen von 1561 weist zahlreiche religiöse Darstellungen auf vom ersten Sündenfalle bis zur Welterlösung durch den Tod Christi; ein über dem mächtigen Tisch die Ecke schmückender Wandtabernakel oder Hausaltar von gebranntem Ton dürfte der 2. Hälfte des 17. Jahrhunderts angehören, während ein zinnernes Waschbecken mit HR 1644 bezeichnet ist. Außerdem findet sich noch eine 1637 verfertigte eiserne Geldcassette von geringer Größe, ein großer Kasten (Schreibschrank) und einige Truhen, die sonst allerdings keine besonderen Vorzüge haben, als daß sie aus den Jahren 1573 und 1690 herrühren. Ist auch der künstlerische Wert dieser Einrichtung kein hervorragend großer, so möchte doch der Wunsch gerechtfertigt erscheinen, daß solche schönen Bilder aus alter Zeit, wie diese Bauernstube, weniger selten wären. Jedenfalls wäre dies viel erfreulicher, als derartige Alterthümer oft dutzendweise in Museen zusammenzutragen, oder sie da- und dorthin verkauft und aus ihrem historischen Zusammenhang herausgerissen, an Orten aufgestellt zu sehen, wo sie nicht hingehören.«

Die Probststube, der Gemeinde Schliersee für das Heimatmuseum vergeblich angeboten, kam um 1950 ins Münchener Nationalmuseum.

Türe und Schrank der Probststube, 1669, im Renaissancestil. Der über dem Schrank hängende Oberteil enthält hinter dem Klappbrett vier Schubläden.

Die vertäfelte Probststube mit Ofen (Hafner »am Urtlbach«) und Waschbecken (Gießalmer).

Aus dem Wirtshaus in Marbach (Leitzachtal)

»Ja, Wischt* sei, des waar was zum Best'n, des hat ma mei Lebta' scho gfalln.«
(Volkslied)

Die Wirtsstube war von jeher der gesellige Mittelpunkt des Dorflebens. Dort vor allem wird v. Molendo die landläufige Meinung bestätigt gefunden haben, als er 1862 schrieb: »Das Thalgebiet der Schlierach und Leitzach ist als der Hauptsitz frohen, liederreichen und eigenthümlichen Alpenlebens in Bayern seit Alters anerkannt.«
Dreselly vermerkt 1907: »Marbach (March = Grenze), ein längst in ein Wirtshaus umgewandelter alter Edelsitz, welcher mehr als 300 Jahre hindurch im Besitze der Haffner von Marbach war und schon im 11. Jahrhundert genannt wird.« (1070 Gotschalk von Marbach). Schon vor 1350 wird Marbach das Tafernrecht gewährt, das ist das Recht, Speise, Trank und Herberge zu geben. Seitdem blieb es Wirtshaus bis heute.
Zwei Besucher aus dem 19. Jahrhundert berichten:
J. von Obernberg, 1815: »Die Witwe war so gefällig, all das künstliche Schnitzwerk mir vorzulegen, das einer der Ahnen ihres seligen Gatten in Holz verfertigt hat. Die Gegenstände, meist Heiligenbilder, auch Geräthschaften, Spielzeug etc. sind sehr klein, daher mußten sie äußerst fein ausgearbeitet werden. Zu bewundern ist die Proportion, welche der Künstler auch den kleinsten Figuren zu geben gewußt hat. Außerdem sah ich alte Waffen, Schlachtschwerter, Morgensterne, Panzerhemden und Handschuhe und dgl., Überreste der Rüstungen im Mittelalter. Nicht weniger ehrwürdig ist der Hausrath an Silber und Zinn, worunter zwei silberne und vergoldete Becher, eigentliche Tummler, sich befinden. Wie alles dies unverändert von Vater auf Sohn, Enkel und Urenkel überging: hat es noch das Gepräge des 16. Jahrhunderts und wer sich in dieser guten Kammer umsieht, glaubt sich ganz in jenes Zeitalter versetzt.«
Stein, 1874: »Als ich vor mehreren Jahren einmal in diesem Wirtshause einkehrte, lernte ich in der freundlichen Wirthin einen Nachkömmling weiblicherseits dieser alten Patrizierfamilie kennen, die sich einen sauberen Chevauleger zu ihrem Lebensgefährten gewählt hatte. Mit großer Bereitwilligkeit führte sie mich in eine noch alterthümlich mit Holz ausgetäfelte Kammer, worin verschiedene mittelalterliche Gegenstände und Geräthschaften aufbewahrt waren, außerdem auch alte Waffen, Schlachtschwerter, Morgensterne, Panzerhemde usw.; ferner alter Hausrath an Silber und Zinn, silberne und vergoldete Becher, alles aus dem 16. Jahrhundert. Mitten unter diesen ehrwürdigen Geräthschaften sah das Conterfei des alten Christoph Haffner (sein Wahlspruch: Wenn Gott mit mir ist, wer will wider mich sein) wohlgefällig auf seine Ur-Enkelin herab, welche mir auch den hinter diesem Bilde verwahrten Adelsbrief ihrer Familie zeigte.«
Silber und Zinn gehörten anscheinend zur Ausstattung des Gasthauses: »Wolf Partenhauser, Gastgeb zu Schliers unter ›Vahrnis‹ 50 lb (Pfund) Zinn, 1 altes Tischpöchel (Tischbecher) und 6 kleine Silberpöchel zu 12 fl (Gulden), 3 Gastpetten 30 fl ...« (Steuerregister der Reichsgrafschaft Hohenwaldeck 1652).
Aus dem Wirtshaus in Marbach befinden sich heute im Heimatmuseum Bad Aibling unter anderem zwei Schränke und eine Stubendecke, die besondere Beachtung verdienen. Der Halbschrank 1629 ist reich profiliert, geschnitzt und bemalt. Neben den beherrschenden Renaissanceornamenten sind auch volkstümliche Motive verwendet, wie Sterne, Sonnen, Flechtbänder und laufender Hund. Das Vielgestaltige ist wundervoll gefügt zu einer zusammenklingenden Einheit – ein einmaliges Beispiel heimatlicher hoher Kunst aus dem Leitzachtal. Schließlich ist noch die zierliche Renaissancefelderdecke zu erwähnen, reich an verbundenen kleinen Flächen. Diese überziehen wohltuend gleichmäßig und doch belebend die ganze Decke. In den seitlichen Rahmungen erscheint auch das Herzmuster. Bei der Zier des Schrankes 1629 und bei der Decke drängt sich ein Vergleich auf zum frühen Alpbacher Möbelstil.

---

* Wischt sagten die Leitzachtaler für Wirt; die Schlierseer verspotteten sie wegen des »scht« mit dem Sprüchlein:
»A Keschta (Kirta) Eschta (Erta = Dienstag) is da Maschte (Martin) as Heeschtbaanke (Herdbank) oenigrumpet, na hat a greeschet« (greahrt = geweint).
[bekommen von Oberleiten Lisbeth]
Darauf die Leitzachtaler:
»Z' Schliers is da Sea des bescht Föi (Feld) und bei de Baurn dahungan d' Mais din an da Speis.«
[vom Hansnbauern Irgei]

Halbschrank, 1629; H 145, B 136, T 61.

Türe im Wirtshaus.

Ausschnitt aus der Stubendecke; L 397, B 248.

Vom »Kuchäwagn« (Kammerwagen)

Vielfach wird die neue Einrichtung nach 1600 aufwendiger gestaltet, es erscheinen Prunkmöbel, Schaumöbel. Wir fragen uns, wodurch wurde dies veranlaßt? Vielleicht hat sich damals schon der Brauch mit dem Kuchlwagen, mundartlich »Kuchäwagn«, eingebürgert.

Der Kuchlwagen mit der Brautaussteuer fuhr nämlich vom Haus der Braut durch die öffentlichen Straßen zum Haus des Hochzeiters und mußte vor Mittag dort eintreffen. Daß man dabei das »Gschau kriegt« hat, war vorauszusehen. Diese Sitte spornte anscheinend auch dazu an, prächtigere Möbel zu dieser Schau zu fertigen. Der Münchner Professor Zell zählt 1899 den Hausrat auf, der auf dem Kuchlwagen gefahren wurde: »Die wichtigsten Bestandteile der Aussteuer, welche die Ortssitte zu fordern pflegt, sind sorgsam aufgerichtet: sie sind zum mindesten: ein Kruzifix, eine Kommode, zwei Stühle, ein Hängkasten, ein Schrank, vor allem aber das große zweischläfrige Ehebett und dicht dahinter die Schaukelwiege. Auch darf in der Brautstube neben dem Himmelbett der Zimmeraltar nicht fehlen. Die Spitze des Gebäudes aber bildet das zierliche Spinnrad, dessen Gupf oder Wucke mit Flachs besteckt und reichlich mit bunten Bändern geziert ist.«

Ried schreibt 1930: »Gefertigt wurde der Inhalt des Kammerwagens im Hause des Brautvaters ›auf der Stöhr‹, d. h. der Kistlermeister mit seinen Gesellen fertigte die Möbel im Hause der Braut aus dem bereitgestellten Holz gegen Kost und vereinbarte Bezahlung.«

Deshalb zeigt eine Brautmöbelausstattung ein einheitliches Gesicht. Aus dem 19. und 20. Jahrhundert sind noch eine Reihe dieser zusammengehörenden Brautausstattungen vorhanden. Das früheste Beispiel dieser Art hier scheint aus einem Kuchlwagen des 17. Jahrhunderts zu stammen: ein Himmelbett 1693 mit dazugehöriger Betttruhe und eine Kleidertruhe, auch 1693. Alle drei Stücke sind in Torturm-Malerei, mit gleichen Tulpenfeldern offensichtlich von einer Hand bemalt und befinden sich im selben Haus.

Herkömmliche Ratschläge für Brautleute:
As Heirat'n und as Schlittnfahrn muaß gschwind geh', weil's sunst koan Schnee nimmer hat.
Liaber hart haus'n, wia z'tod graus'n.
De grouß Liab und de grouß Kältn de daurn net lang.

Aus »Hochzeitlichen Guetten Morgen« 1741 von Wolfgang Genghamber, Holzolling, Leitzachtal: Die Hochzeiterin erwartet ihren Zukünftigen, derweil richtet der Hochzeitlader herzliche Worte an sie: »Der hochzeiter ist auf dem land, ist frisch und gsund, so langs ihm Gott vergund. Er ist heind aufgestanden in seines Vatters hauß und hörber (Herberg), erstlich hat er sich pezaichnet mit dem Zaichen des h. creuzes und hat angelegt sein hemet weiß, daß ihm seine villgelibte Hochzeiterin hat machenlaßen mit ganzen fleiß, darnach ist er gangen von seinen schlaf Pött ain drid oder 2 oder 3, den ersten hat er getan im namen Gottes, der in erschaffen hat, den andern hat er gethan im Namen Gottes Sohn, der Ihm erlöset hat, den dritten hat er gethan im Namen Gottes h. Geistes, der wolle uns lehren die Recht wahrheit. Darnach ist er hinauß gangen under den haidern Himel, in sonderheit auf ein ord, da ist er niter knid auf einen hirden stein, da hat er sein gepett verricht allein, da hat er gesechen einen halben morgenstern, den hat er gesechen gar von herzen gern, er freid sich der gegenwertigen, wan Ihm seine villgelibte hochzeiterin entgegenkhombt, da last er ihr entpieden einen schönen Gruß wohl von der scheidl piß auf den Fueß...«

Himmelbett in Torturmmalerei, 1693. H 195, B 140, T 200 (verlängert).

Bett-Truhe, zum Himmelbett von 1693 gehörend; H (mit Hörndl) 80, B 170, T 42.

Sockeltruhe, 1693. Kleidertruhe in Torturmmalerei. H 91, B 164, T 70.

Torturm-Malerei

Ende des vorigen Jahrhunderts fing man an, sich mit Bauernmöbeln zu beschäftigen. Fremdartig orientalisch muteten die Kuppeln der Malereien auf manchen Bauernmöbeln an. Bekannt war noch, daß Tölzer Möbel isar- und donauabwärts geflößt wurden, man erdachte sich eine Beeinflussung aus dem türkischen Balkan und nannte die Möbel irrtümlich Türkenmöbel. In Wirklichkeit handelt es sich nämlich um gemalte, auffallend ähnliche Nachahmungen von Intarsien der süddeutschen bürgerlichen Möbel aus der Zeit um 1550. Stegmann wies schon 1902 darauf hin. Die dargestellten Tortürme der Intarsien gehen wiederum auf frühere italienische Vorbilder zurück. Naheliegend wäre doch auch, in der Kuppelbekrönung das Urbild in den schon 1524 vollendeten und damals aufsehenerregenden »welschen Hauben« der Münchener Frauentürme zu sehen. Übrigens erscheinen auch Spitztürme auf bäuerlichen Torturm-Truhen. Die ersten bäuerlichen Torturmmalereien sind in Aibling 1600 und in Elbach 1607 bekannt geworden. In die zwei ziemlich quadratischen Hauptfelder der Truhe wurden ganz gleiche Tortürme, oft mit einer Schachbrettstraße gemalt und von Bogenarkaden umschlossen. Die schmalen Nebenfelder zeigen Blumenmotive, Glockenblütenstauden in Rot und Blau, Tulpen und Weintraubenranken nicht nach der Natur, sondern nach Vorbildern bürgerlicher Intarsienmöbel gemalt. Flächenhafte Haltung und weiße Umrisse der Zeichnungen fallen auf.

Abschließend kann man feststellen, daß die Torturm-Malereien den Möbeln eine gewisse Ruhe und Würde verleihen.

Torturmtruhe, 1637. Sockel fehlt; kuppelbekrönte und spitze Tortürme in den zwei Hauptfeldern, in den drei Nebenfeldern Blumenvasen. Hell- und dunkelbraune Farbtöne. H 59, B 163, T 61.

Torturmtruhe, 1645. Im Sockel Schubladen, in den drei Hauptfeldern Zwiebel- und Spitztürme, in den Nebenfeldern Glockenblumengerank. Weiße und braune Farben. H 97, B 170, T 73.

Torturmtruhe, 17. Jahrhundert. Im Sockel Schubladen, Mittelfeld breiter als die Seitenfelder; Türme mit Kuppeln und Spitzen; volkstümliche Zierreihen (Herz, laufender Hund). Braun mit Weiß. Nebenfelder und Schubladen blau grundiert. H 101, B 176, T 74.

Torturmtruhe, um 1670. In den blaugrundierten Hauptfeldern Spitztürme; Nebenfelder auf weißem Grund. Sockel fehlt. H 70, B 160, T 70.

Sockel einer Torturmtruhe von 1660 mit roten Malkreuzen, Rauten und Sonnen in blauen Feldern, umgeben von roten, weißgetupften Rahmen.

Seitenansicht einer Truhe von 1660 mit den üblichen Tragegriffen (»Handheben«). Truhe: H 92, B 167, T 69.

Der Halbkasten – ein Wäscheschrank

Als zweite Schrankart nach dem G'halter taucht um 1600 im Bauernhaus der Wäscheschrank auf. Statt Schrank sagt man hier »Kaschtn«. Man nennt ihn hier Halbkasten. Er ist etwa 1,25 m hoch, zweitürig, bei älteren mit nach oben aufklappbarem Deckel, hat zwei Handheben zum Tragen und innen drei durchgehende Fächer. Es ist ein Leinwandkasten, der »Haar und Leiwat«, Flachs und Leinwand, enthält. Die Vorderseite wird mit aufgesetzten Leisten gegliedert und auf Holzgrund durchscheinend bemalt.

Selten gibt es noch den »eingerichteten Kasten«. Früher wurde dafür ein Halbkasten, später ein Kleiderschrank verwendet. Mit »Haar und Tuach« (Flachs und Leinwand) hat ihn die »Nahterin« eingerichtet, die auch für die Hochzeiterin den Schalk (Hochzeitskleid) und die Aussteuer genäht hat. Im Kasten mußte alles »gleim« (dicht aneinander) geschichtet sein, sauber und ordentlich; denn: »gschlampert macht gwampert« (bauscht sich).

Beim Einrichten wurden die Flachszöpfe mit bunten Borten und Bändern gebunden und zu Ornamenten gereiht, Wachsstöcke, Herzl, Christkindl dazwischen. Das »Tuach« wurde so gelegt, daß die Falten die Anfangsbuchstaben von Vor- und Schreibnamen der Braut ergaben, die anderen Leinwandballen so, daß verschiedene Ornamente entstanden. Farbige Trockenblumen und »schmeckate Sträußerl«, Heiligentaferl aus Glas und Flitter wurden dazwischengesteckt. Es gibt sogar noch Näherinnen, die dieses besondere Können beherrschen. Es war der Stolz der Bäuerin, solch einen kunstvoll eingerichteten Kasten vorzeigen zu können.

Auf einer Kasten-Borte, gedruckt 1921:

> Was Mütterlein mir einst beschert,
> halt ich in diesem Kasten wert,
> soll immer glatt und fein geordnet sein,
> wie's einstens tat mein Mütterlein.

Halbkasten in Torturmmalerei mit den üblichen seitlichen »Handheben«, 1632. H 130, B 132, T 46.

Schwarzlot-, Schablonen- und Weiß-Malerei als Möbelzier

Hübsch, aber doch eigentümlich, sieht der Hell-Dunkel-Schmuck der schwarzen Schablonenmalereien auf den Bauernmöbeln aus, die etwa ab 1650 auftreten. Die zierlichen Renaissancemuster sind geschickt auf die durch Leisten getrennten Holzflächen verteilt und meist nicht gemalt, sondern mit Schwarzlot mittels Schablonen aufgetragen. (Herstellung von Schwarzlot: Kienruß wird mit Leinöl angerieben.) Schwarze Ruß- und rote Ochsenblutfarbe waren schon im Mittelalter bekannt. Diese Verzierungsart war nur ein »einfacher Ersatz für die plastische Maßwerkschnitzerei« (Gebhard) und die Holzeinlegearbeiten (Intarsien) der bürgerlichen Möbel.
Die Weißmalerei ist in dreierlei Formen auf den Schränken und Truhen aufgetreten. Der Marbach-Kasten 1629 zeigt schon weiße Renaissancemuster. Diese Weißzeichnung kann man auch noch im 18. Jahrhundert verfolgen. Als zweite Möglichkeit erscheint etwa ab 1650 der weiße Hintergrund, auf dem sich die Farben wirkungsvoll abheben. Eine andere Art der Weißmalerei war noch, weiße Umrisse über schwarze zu malen; dies erlaubt, große Farbgegensätze nebeneinander zu setzen.

Halbkasten mit Schwarzlotmalerei, 17. Jahrhundert. Füße neu. Halbkästen haben keinen Sockel und keine Füße, sondern schließen unten nur mit einer Leiste ab. H 107, B 118, T 50.

◁ *Eingerichteter Kasten. 1973 mit »Haar und Tuach«, Leinen und Flachs von der Trachtenschneiderin Zenta Grimm, Wörnsmühl, »ei'gricht'«. An der inneren Türseite: »Mit Fleiß gesponnen, gebleicht am Bronnen, gewebt zu Linnen, ruht still hier innen.«*

Früher Kleiderschrank mit Weißmalerei, 1730/40. Sockel neu. H 175, B 142, T 51.

Schrank in Schwarzlotmalerei auf blankem Holz, um 1680. Sockel neu. H 176, B 171, T 60.

Truhe mit Schwarzlotzeichnung, gegen 1700. In den Feldern Kammzug. H 80, B 137, T 61.

Truhe mit Weißmalerei, um 1740. H 87, B 152, T 68.

Stühle im Früh- und Hochbarock

Die Stühle im Frühbarock unterscheiden sich in der Hauptsache von den Renaissancestühlen durch den geschwungenen oberen Rand, das Fehlen der Hörndl, die größere Lehne und die Neigung der Rückenlehne. Sie sind wie in früherer Zeit mit Leder bezogen, einige auch mit Stoff. Bei einem Stuhlbezug waren auf Stramin üppige Blumen und Blätter gestickt mit weißer, blauer, grüner, gelber und roter Wolle. Die Polsterung auf Gurten bestand aus Roßhaar, darüber lag noch eine Schicht Rehhaare.

Völlig anders erscheinen Stuhl und Sessel des Hochbarock. Die geschwungenen und sich verjüngenden Stuhlbeine laufen in Schneckenform (Voluten) aus und sind durch sich kreuzende Stege verfestigt. Diese letzten beiden Stilmöbel, zusammen mit Furnierschränken und Bildnissen von Tegernseer Äbten, werden sich ins Bauernhaus verirrt haben.

Frühbarocker Stuhl, 1690/1720, gepolstert. H 105, B 48, T 45.

Barocksessel, um 1730, Bezug neu. H 100, B 68, T 59.

Frühbarocker Stuhl, 1690/1720, ledergepolstert.

Barockstuhl, um 1730, Bezug neu. H 102, B 53, T 49.

Von Kammern und Gängen

Als Kammer (griechisch kamara = gewölbter Raum) bezeichnet man im Bauernhaus einen nicht heizbaren Raum. Im warmen Winkel zwischen Stube und Küche ist die Ehkammer, vom Fletz aus erreichbar die Fletzkammer als Geräte- und Werkzeugraum, die übrigen Schlafkammern sind im Obergeschoß. Die Stubenkammer über der Stube, etwas erwärmt durch das Spundloch, ist den Austräglern vorbehalten, wenn kein Zuhaus vorhanden. In Schliers werden 1617 im Erdgeschoß meist eine, selten zwei Kammern aufgeführt, im Oberstock meist drei, seltener zwei oder vier.

Die sogenannte »guate Kammer« findet sich noch vereinzelt im oberen Gaden. Dieser wenig benützte Raum dient nicht zum täglichen Gebrauch, in ihm werden die guten und besonderen Sachen »aufghal'n«, ist also mehr da »gon Oschaugn«. Neben dem eingerichteten Kasten verdient besonderes Augenmerk der Glaskasten der Aufsatzkommode mit seinem Inhalt, meist Hochzeitsgeschenken. Da steht z. B. auf einer Kittelflasche, aus dem die Weiberleut beim »Leahardsfahrn« Schnaps anbieten, der Spruch: »Ohne ein Mann zu sein ist mir ein Pein.« Bodenstedt, der 1858 König Max II. auf seiner Reise durch die bayerischen Alpen begleitete, schreibt über die gute Kammer der Schlierseer Gegend: »Eine gewisse Ausschmückung zeigte sich vorwiegend in demjenigen Teile des Hausrats, welcher die ererbten oder durch eigenen Fleiß erworbenen Schätze der Familie barg: alte Krüge, Tassen, Ringe, Leuchter, Lampen usw. und vor allem einen reichen Vorrat an Leinwand. Diese und ähnliche Schätze wurden in sogenannten Tölzer Schränken und hochgewölbten Koffern in einem besonderen Zimmer aufbewahrt, an dessen Wände neben altem Bildschmuck auch zierlich geformte und bemalte Siebe von verschiedenem Umfang glänzten, denen man es an-

Söller eines Bauernhauses im Blockbau mit Stiegengeländer und Laubentüre, 17. Jahrhundert; H 228, L 14,15 m, B 300.

sah, daß sie nicht zu praktischem Gebrauch, sondern nur als symbolischer Zierat dort hingen. Die Schränke und Koffer waren bemalt, aber nicht mit schreienden Farben; alles stimmte zueinander und zu der Umgebung ...« J. Harraßer, ein Sohn des Leitzachtales 1912: »Die gute Kammer birgt den Schatz des Hauses: Himmelbett mit alter Vorstelltruhe, ein zweites besseres Bett, bunt bemalte Kästen mit Festtagskleidern sowie Flachs und Leinwand mit eingelegten Wachsstöcken, oben darauf Branntweingläser, Honigtopf, ausgelassenes Wachs, vielleicht noch eine große Truhe mit Dörrobst, einen Holzkoffer mit Erstlingswäsche und Taufkleid, an der Wand eine Schüsselrehmen mit dem besseren Geschirr von Zinn und Porzellan und ein paar Bierkrüge mit Zinndeckeln.«

Seit das Bauernhaus im Hochmittelalter um ein Stockwerk erhöht wurde, war die Stiege vonnöten, die vom Fletz zum darüberliegenden Söller führt. Die frühen Stiegen hatten im Querschnitt schräg gespaltene, also dreieckige Balkentritte, die auf die Stiegenwangen aufgedübelt waren. Sie wurden von den Stiegen mit Trittbrettern abgelöst, die in die gekehlten oder mit einem ausgeschnittenen Zierbrett aufgedoppelten Wangen eingelassen sind. Halt bietet oft nur ein wandseitiger Handlauf. Doch den Stiegenausschnitt im Söller umgibt stets ein schützendes Geländer, ähnlich gestaltet wie das der Laube (Altane). Der Laubengang soll hauptsächlich entstanden sein, um das breite Vordach zu stützen mit den Laubensäulen, die auf den vorstehenden »Fürköpfen« (verlängerte Deckenbalken des Ergeschosses) aufsitzen. Dagegen nimmt Alwin Seifert an, daß die Laube ihren Ursprung im Trockengerüst für Getreide hat, einer Art Leiter unterm Giebel. Bei der alten Laubenverkleidung reichen die gefalzten, senkrechten Bretter (oben in Laubenbaumnut, unten durch Holznägel gehalten am Querriegel) über den Laubenboden hinab mit Zierkerben (»Baurnfeistä«) am unteren Rand zum Wasserabtropfen. Später läßt man die Bretter in einer Ritze des Bodenbalkens aufsitzen und befestigt am Fuß davor ein Zierbrett. Nach 1800 fallen die Laubensäulen fort. Besonders beliebt bei Lauben- und Stiegengeländern werden dann ausgeschnittene Bretter, bei denen Brett und Zwischenraum je eine Zierreihe ergeben. Selten sieht man Latten in Malkreuzform zwischen den Geländerstützen. Der barocken Steinarchitektur nachgebildet sind die Holzbaluster in der Geländerfüllung, ab 1800 auch in gedrechselter Form. Nach 1860 schneidet man die Altanenbretter gerne in »Laubsägeart« aus.

Stiegengeländer, 1. Hälfte 19. Jahrhundert.
Stiegen- und Laubengeländer: a) Ausgeschnittene Geländerbretter; b) geschnitzte Baluster; c) gedrechselte Baluster; d) Stiegengeländersprosse.

Herrschaft der Blumenvase in der Faßmalerei

Die Entdeckung der Naturschönheit nahm gegen Ende des Mittelalters in den Städten ihren Anfang. Die Volkskunst aber blieb weiterhin naturfern; sie nahm sich zwar die in der Stadt übliche Belebung der Möbelfläche zum Vorbild und ahmte sie auf ihre Weise nach, doch ohne Naturbetrachtung. In den seitlichen Schmalfeldern von Truhe und Kasten sieht man schon im 17. Jahrhundert Blumengewinde. Der Blütenstand in der Blumenvase war auch der uralte Lebensbaum der Volkskunst und mag dadurch als volkstümliches Sinnbild leichter Eingang gefunden haben. So begann nun wirklich in der Faßmalerei eine Alleinherrschaft der Blumenvase. Der Durchbruch zum beherrschenden Stil der Blumenvasenmalerei erfolgte in der hiesigen Volkskunst nach 1720. Der zeichnerische und farbige Stil wurde der vorangegangenen Torturmmalerei entlehnt. Dabei blieb die Art der Darstellung immer flächenhaft. Diese gedämpft farbigen, nicht sehr bunten Blumengebilde, die der Schmuckvase entsprießen, wirken und stimmen freundlich. Blumen, das Lieblichste in der Natur, erheitern das Gemüt der Menschen. Obwohl die eigentliche Blumenvasen-Malerei im hiesigen Bauernhause von 1723 bis 1767 zeitlich belegt werden konnte, liebte man es weiterhin auch noch, Blumenvasen und Blumen auf den volkstümlichen Gegenständen darzustellen und farblich aufleuchten zu lassen, nur in anderer Art und Weise.

Betthimmel in Blumenvasenmalerei, 1767. L 214, B 138.

Truhe mit Blumenvasenmalerei, 1727. H 94, B 165, T 69.

Himmelbett mit Blumenvasenmalerei, 1753. H 180, L 188, B 134.

Vom Himmelbett

Die ursprünglich ebenerdigen und wandfesten Schlafstätten wurden vom 13. Jahrhundert an angehoben und zum Bettgestell umgebildet (nach K. Beitl). Schon im Mittelalter war der Himmel über dem Bett bekannt. «Uber ir was ein himeliz ho« (Betthimmel) (v. d. Hagen, Ges. Abent. LV 832). Im Schlierseer Einrichtungsverzeichnis 1645: »1 schön gemallene Pettstatt mit gannzen Himel« und vielleicht älter: »1 andere Pettstatt mit ainem halben Himel«. Das Himmelbett, mundartlich »Himmibettstod«, ein zweischläfriges (mundartlich »zwoaspannis«) Kurzbett mit hohem Kopfpolster, stand vor allem in der Ehkammer, die von Küche und Stube aus zu erreichen war. Es ist ein Pfostenbett mit seitlichen Wangen, die halbhohe Vorder- und die ganze Rückwand sind Rahmen mit Füllungen. Der Himmel darüber, auch eine Rahmenarbeit, wird durch Ecksäulen gehalten. Etwa von 1780 ab wird die Rückwand als ausgeschnittenes Aufsatzbrett gestaltet. Zum bequemen Einsteigen diente die Bett-Truhe. Über das Bettzeug unterrichtet uns wieder das Verzeichnis 1645: »1 Lig- und 1 Döckhpett mit überzogener Rupfener Ziechen, 1 Polster samt 2 Khissen mit härben Ziechen, 1 Leinwerchen Paar Leylach mit Fransen.« Schliers 1665: »1 Föderites Ligpött (= geköperte, dichte Leinwand, mit Federn gefüllt), 1 Parchetes Polster u. Kiß, 1 Strohsackh.« Wie lange man oft an einem Brauch festhielt, mag folgendes zeigen: Rote Wolldecken, wie auf dem Schlierseer Altarflügelbild von 1541 gibt es hier heute noch als ererbte Stücke. In der ungeheizten Schlafkammer war man bei großer Kälte im Himmelbett gut geborgen, besonders, wenn es von Vorhängen umschlossen war. Von oben schützte ja der Himmel. Dazu Schliers 1734: »1 alt gemahlene feichten Himmelpettstatt samt dreyen Zenger (= Brennessel) grünen Vorhangeln, Messingenen Ringeln und eiserne Stangeln.« Außerdem bildete das Himmelbett ein raumbeherrschendes Prunkstück in Form und Farbe, eine Kostbarkeit damals wie heute. Die malerische Ausgestaltung gliedert sich in die der Füllungen und die der Rahmungen und Nebenfelder. In den zweiteiligen Füllungen der Vorder- und Rückwand erscheint Zierat im jeweiligen Zeitgeschmack, wie Torturm- und Blumenvasenmalerei. Der Himmel

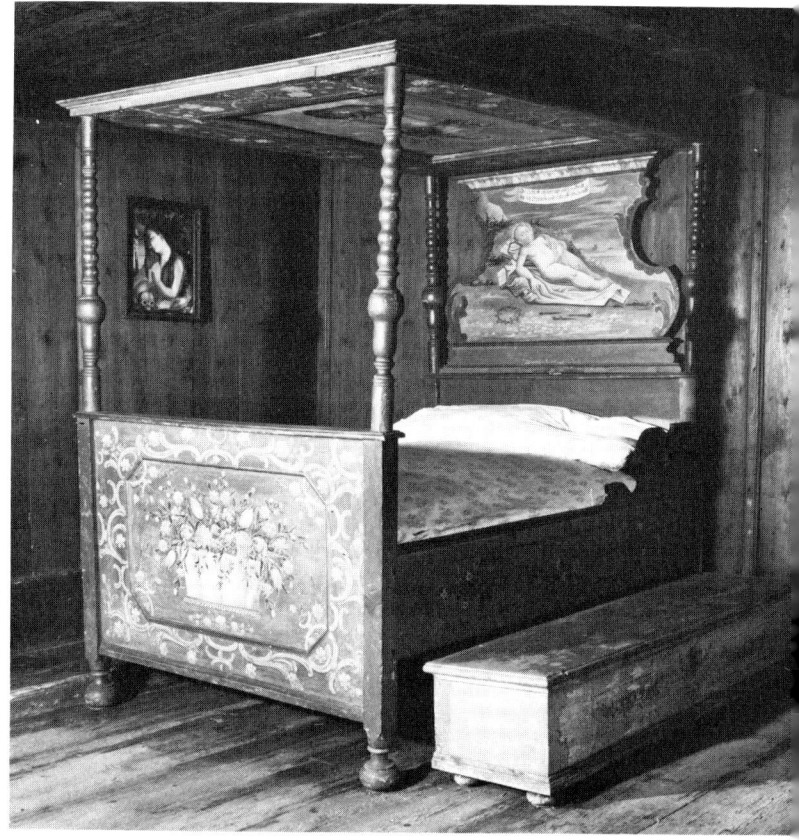

Himmelbett mit Weyarner Christkind, um 1800. Inschrift »da Schlaff ich hier als wie ein kindt biß ich Erwach und Straff die Sündt« auf hellblauem Grund. H 200, L 188, B 133.

Himmelbett mit Weyarner Christkindl, auf blauem Grund gemalt, 1808. H 191, L 187, B 128.

mit vier Füllungen und dazugehörigen Rahmen zeigt ein vielteiliges ornamentales Bildgefüge, im Mittelstück IHS. Um 1770 begann man hier dafür die Muttergottes erst klein, schließlich rahmenfüllend darzustellen. Zu gleicher Zeit wird es üblich, das Kopfteil mit dem Weyarner Christkindl und das Fußteil mit einem Blumenstrauß zu schmücken. Auf den übrigen Flächen wie Rahmen, Schmalfeldern, Wangen sowie auf Bett-Truhen wiederholen sich in festgelegter Reihenfolge andere Ziergebilde. An den Abbildungen kann man die Entwicklung des Himmelbettes von 1693 bis 1808 im Bearbeitungsgebiet gut verfolgen.

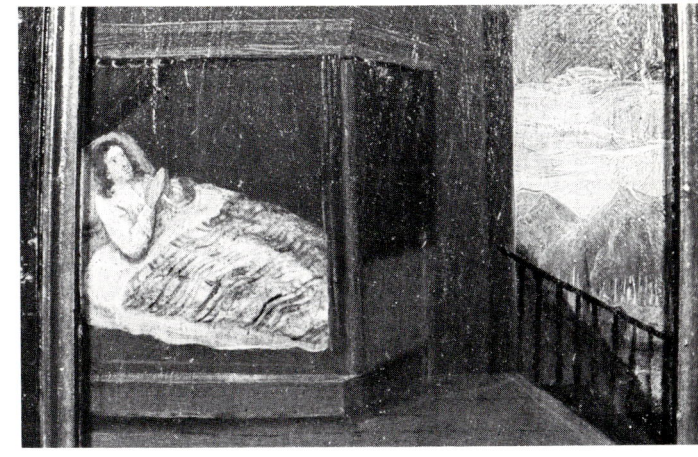

Himmelbett mit Vorhängen, auf einer Votivtafel von 1681 (rechts die Brecherspitze).

Himmelbett mit Blumenvasenmalerei, 1767. H 178, L 214 (verlängert), B 138.

*Betthimmel in der Art der Schlierseer Blumenschränke, um 1770.
L 174, B 116.*

*Betthimmel mit Blumenvasenmalerei,
um 1720. H 174, B 124.*

*Himmelbett, um 1770; den Schlierseer Blumenschränken zugehörig.
H 178, L 190 (verlängert), B 132.*

Teil einer Bett-Truhe, um 1700. Auf Blankholz rot, braun und grün bemalt. Auch Sitztruhe. H (mit Hörndl) 55, B 167, T 45.

Bett-Truhe – Sitztruhe (»Silltruch«)

Die niederen und schmalen Bett-Truhen dienten zum Einsteigen in das Himmelbett und zum Sitzen, deshalb auch mundartlich »Silltruch« (Sidl- = Sitz) geheißen. 1645 werden genannt: »Fußtruchen vor dem Pett«, »bei dieser Pettstatt stehennt Sidltruchen«, »zunechst daran stennte gemahlene Sidltruchen«. Die Bett-Truhen haben als Bemalung durchweg drei gleiche Felder und zwar mit denselben Verzierungen wie die der Nebenfelder des Bettes. Die älteren Bett-Truhen haben innen meist keine Fächer, die späteren haben drei. Bett-Truhen sind häufiger erhalten als Himmelbetten, denn als diese außer Gebrauch kamen, benutzte man die Truhen weiter.

Bett-Truhe mit rotem Grund, um 1710. H 63, B 166, T 43.

Bett-Truhe mit Blauzeichnung, um 1720. H (mit Hörndl) 60, B 170, T 41.

Bett-Truhe mit roter und brauner Zeichnung, 1. Hälfte 18. Jahrhundert. H (mit Hörndl) 59, B 174, T 36.

Bett-Truhe mit roter Zeichnung auf blauem Grund, um 1740. H (mit Hörndl) 61, B 165, T 40.

Bett-Truhe, um 1740. Brauntöne. H (mit Hörndl) 60, B 158, T 45.

Bett-Truhe, 1781. Rot und Weiß auf blauem Grund. H (mit Hörndl) 60, B 168, T 45.

Die Schublade

Schon im Mittelalter war die Schublade, mundartlich »Schulohn«, bekannt. Die Schreibkasten und Kabinettschränke der Renaissance mit ihrer Vielzahl an Schüben waren anscheinend das Vorbild für die Schubladenreihe über dem Schrank in der Probststube 1669 von Fischhausen (1665 wird »1 Trichl mit ainer Schubladen« erwähnt). Doch wurde die Schublade auf dem Lande noch spärlich verwendet, erst in der zweiten Hälfte des 18. Jahrhunderts in steigendem Maße. Bis nach 1700 wird die Schublade meist von Leisten umrahmt, deren äußerer Rand bündig abschließt. Später werden die Schübe mit Überfalz hergestellt. Schubladen kommen vor: unter Bänken, in Gestellen, Wandkastln und eine in jedem Kleiderschrank im eingebauten Schubladenschrank, oder im unteren Teil der Wirtschaftstruhe. Ganz selten ist die Schubladentruhe – eigentlich schon der Kommode ähnlich. Doch die hohe Zeit der Schublade bricht erst um 1800 an, als die Truhe von der Kommode abgelöst wird.

Truhe mit Schubladen, um 1800. H 41, B 99, T 45.
Schubladentruhe, 18. Jahrhundert. H 60, B 116, T 48.

Schubladenkastl, 18. Jahrhundert. H 34, B 29, T 11.

Eingebauter Schubladenschrank, Ende 18. Jahrhundert; H 162, B 114, T 55.

Von den Kleiderschränken

Die hier anscheinend erst nach 1730 langsam aufkommenden Kleiderschränke sind fast durchweg zweitürig, eintürige sind also bemerkenswerte Stücke. Eintürige Schränke sollen vor allem für Ehhalten (Dienstboten) hergestellt worden sein. Der hier abgebildete zeigt sich, der Beschriftung nach, als einer Brautausstattung zugehörig.

Die Inneneinteilung aller Kleiderschränke des 18. und 19. Jahrhunderts ist überraschend ähnlich. Gewöhnlich ist im Innern oben ein durchgehendes Fach für Hüte usw. eingebaut. Der darunter liegende Raum wird durch eine senkrechte Bretterwand in zwei Hälften geteilt, deren linke für Kleider dient, die an Haken hängen. Die rechte Seite enthält oben eine kleine Schmuckschublade, darunter sind die offenen Fächer für Wäsche. In jedem Kleiderkasten mit abgeschrägten Vorderkanten ist im Winkel neben der Schublade ein kleiner Raum; in diesem befindet sich manchmal ein geheimes Schubfach. Ein weiteres Versteck bietet ein doppelter Kastenboden oder in die unmerklich stärkeren Bretter der Fächer sind von hinten her ganz flache Schubladen eingefügt, die man erst entdeckt, wenn das nicht befestigte Fachbrett herausgenommen wird.

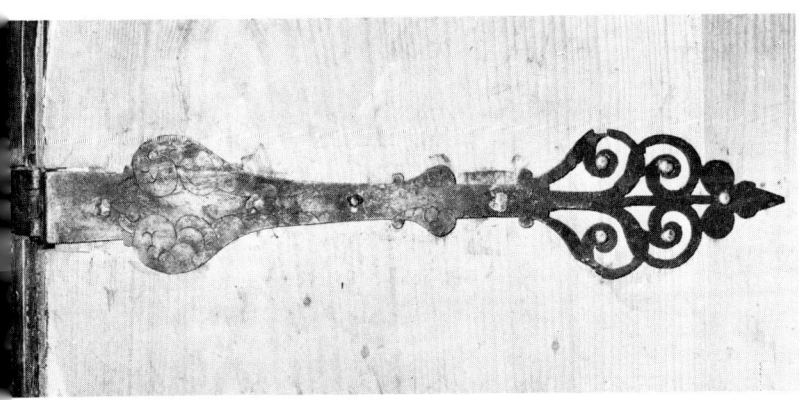

Eintüriger Kleiderschrank, 1772. H 164, B 108, T 41.

Beschläg einer Schranktür, um 1700.

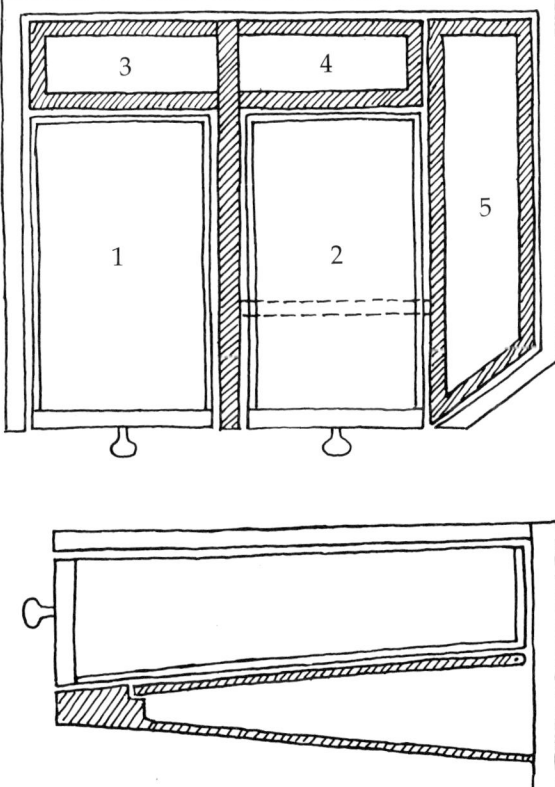

Geheimfächer in Schränken a) Schublade 1 und 2 herausnehmen. Das Trennbrett zwischen diesen kann man erst herausziehen, wenn man ein sperrendes Brettchen im Schubladenboden hinunterdrückt bzw. zurückschiebt. Am Trennbrett hängen die Schubläden 3 und 4. Nun geht auch Schublade 5 heraus; b) Nach dem Herausziehen der Schublade kann man den Deckel des Geheimfaches öffnen (Geheimfächer schraffiert).

Leitzachtaler Kästen

Einzig in ihrer Art und unverkennbar sind die Leitzachtaler Kästen (aufgefundene Stücke von 1737–1762), die besonders durch ihre herzhafte Farbenfreude gefallen. Gemeinsam sind ihnen kräftige, ornamentale Farbmuster, die die ganze Fläche überziehen, sowie sehr ähnliche Größenverhältnisse. Profilierte, aufgesetzte Leisten gliedern die Flächen. Die beiden Türen weisen in den oberen, T-förmig eingezogenen Feldern Jesus- und Maria-Namenskürzel auf, in den unteren Blumensprossen oder Vasenblumen. Bei einigen ist über den oberen Türfeldern ein Laubengang aufgemalt. In den seitlichen Rahmen, sowie, wenn vorhanden, im Sockel, erscheinen Blumenranken. Die übrigen Flächen werden auch noch mit Blumen und Ranken gefüllt. Häufig treten auch volkstümliche Muster auf wie Stern, Sonne, Lebensbaum, Malkreuz, Wellenband, Herz, laufender Hund, Kreuz und Zickzack. Von allen 19 aufgefundenen Schränken solcher Art konnte die Herkunft aus Leitzachtaler Bauernhäusern festgestellt werden. Sie mögen deshalb Leitzachtaler Kästen genannt werden.

Von den Schränken 1749 (H 176, B 121, T 50) und 1751 (H 174, 5, B 123, T 49) im Germanischen Nationalmuseum in Nürnberg wird als Herkunftsort »Gegend Fischbachau« angegeben, von zwei ebensolchen im Münchner Stadtmuseum ist leider keine Herkunftsangabe bekannt.

Leitzachtaler Kasten, um 1745. H 177, B 140, T 57.

Leitzachtaler Kasten, 1758. H 180, B 144, T 61.

Leitzachtaler Kasten, 1762. H 172, B 134, T 51.

Schlierseer Blumenschränke

»Unvergleichliches Bild eines lieblichen Hirtenthales« nennt der Schriftsteller Ludwig Steub 1850 die Schlierseer Landschaft. Hier konnten die anmutigen Schlierseer Blumenschränke entstehen; aufgefunden von 1753 bis 1784. Die Größenverhältnisse sind ziemlich gleichmäßig bis auf die Höhe, die beträchtlich schwankt. Neu ist bei einem Teil der späteren, die Vorderkanten des Kastens abzuschrägen. Die rechteckigen Türfelder sind öfters schon zum Achteck gebrochen. Einheitliche Merkmale sind weiterhin: Zweitürigkeit, aufgesetzte Leisten, profilierte Schlagleiste, die Bemalung der Türfüllungen mit Vasenblumen. Lieblich und anmutig verkünden sie den heiteren Sinn der Kunst des Rokoko (nach 1760) mit ihren weißen Sternblumen. Überwiegend ist auch die Grundierung kennzeichnend für die Zeit. In den Seitfeldern treten entweder aufgemalte gewundene Säulen oder abgegrenzte kleine Zierfelder auf, im Sockel teilweise Schubladen. Trotz mancher Verschiedenheiten stellen sich die Schlierseer Blumenschränke als eine zusammengehörige Gruppe dar, die sich von anderen gleichzeitig deutlich abhebt.

Schlierseer Blumenschrank, 1769. H 136, B 108, T 49.

Schlierseer Blumenschrank, 1765. H 174, B 119, T 46. ▷

Die Küche im 18. Jahrhundert – Schüsselrehmen

Die Behörden forderten seit dem 16. Jahrhundert die gedeckte, gewölbte Küche. (1595 wird in Trach eine halbgewölbte Küche genannt.) Nach Um- und Neubauten, vor allem zwischen 1770 und 1790, bot die Küche daher ein anderes Bild. Sie wurde nach oben abgedeckt, nur über der Herdstatt brachte man einen rechteckigen Rauchfang an, »Kuttenholz« genannt, der als Mantel den Rauch in den Dachraum führte. Erst war also die offene, dann die etwas wärmere gedeckte Küche.

Der Bauernsohn Harraßer (1912) erinnert sich: »Die Küche erhält ihr Gepräge durch den offenen Herd, über den in der ganzen Ausdehnung die Kutte (Funkenhut, auch »Hur« genannt) herabragt. Wie gucken die Kinder vom Herd, wo sie ein Sitzplätzlein haben, so oft diesen offenen, weiten Rauchfang hinauf! Über dem Feuer steht der Dreifuß mit der kupfernen Pfanne, an der Seite des Feuers aber irdene Häfen.«

Verzeichnis 1766 bei Niklasreuth: 12 groß und cleine khupferne Pfannen, 1 Eisen Pfann, 1 Alter khupferner Durchschlag, 3 groß und 1 cleiner khupf. Khössl, 2 Dreyfuß, 1 Khiechelspüz, 1 grosser gelöchelter Eisenlöffl, 2 Pießn Messer (Rüben), 3 Eiserne Hafen Deckln, 6 Khochlöffln, 6 hilzene Schissln, 2 Rüb Eisen, 1 Plöchene Lattern, 1 Tuzet Hilzene Deller, 1 Leers Khuchen Khästl.

Jahrhundertelang gebrauchte die Bäuerin zum Kochen den Feuerhund, den Dreifuß, den Galgen (Schwenkarm ohne Kesselhaken) für Heißwasser und Viehtrank, die eiserne Schmarrn- und die kupferne Muspfanne. Es gab viel Kraut- und Mehlspeisen.

Aus dem Probsteihof Fischbachau »Kost für Ehhalten (Dienstboten) 1766«:

Sonn- und Feiertag: in der Frühe: kein Mueß
    mittags: Suppen, Knödl, Mueß
Montag mittags: Kraut (von der weißen Rübe), Baun (gekochte Saubohnen als Salat), Milchnudel (Band-, Dampf- oder Rohrnudeln)
    nachts (werktags außer Sambstag): Kraut, Gersten geröst, Milch (wohl auch gestöckelt)
jeweils mittags:
Erchtag: Kraut, Baun, Knödel
Mittwoch: kleine Nudel geröst
Pfinztag: Knödel, Kraut, Baun
Freytag: Nudl, Kraut, Baun
Sambstag: Kraut, Baun, zu nacht Kiechl (Schmalzgebäck) extra auch einem jeden 6 Stuckh.

Das Frühstück scheint werktags das aufgeschmalzene Mueß gewesen zu sein. Zu den Brotzeiten gab es wohl Roggenbrot und Milch oder Kas. An Feiertagen ½ Maß Bier, »wanns drum bitten«. Manchmal »Überbliebenes vom Herrentisch«.

Die oben schon abgedeckte Küche mit offener Herdstatt; darüber das Kuttenholz für den Rauchabzug. Zeichnung »Schliersee 1842«. Heimatmuseum Schliersee.

*Pfannbrett,
18. Jahrhundert;
H 5, L 170, B 21.*

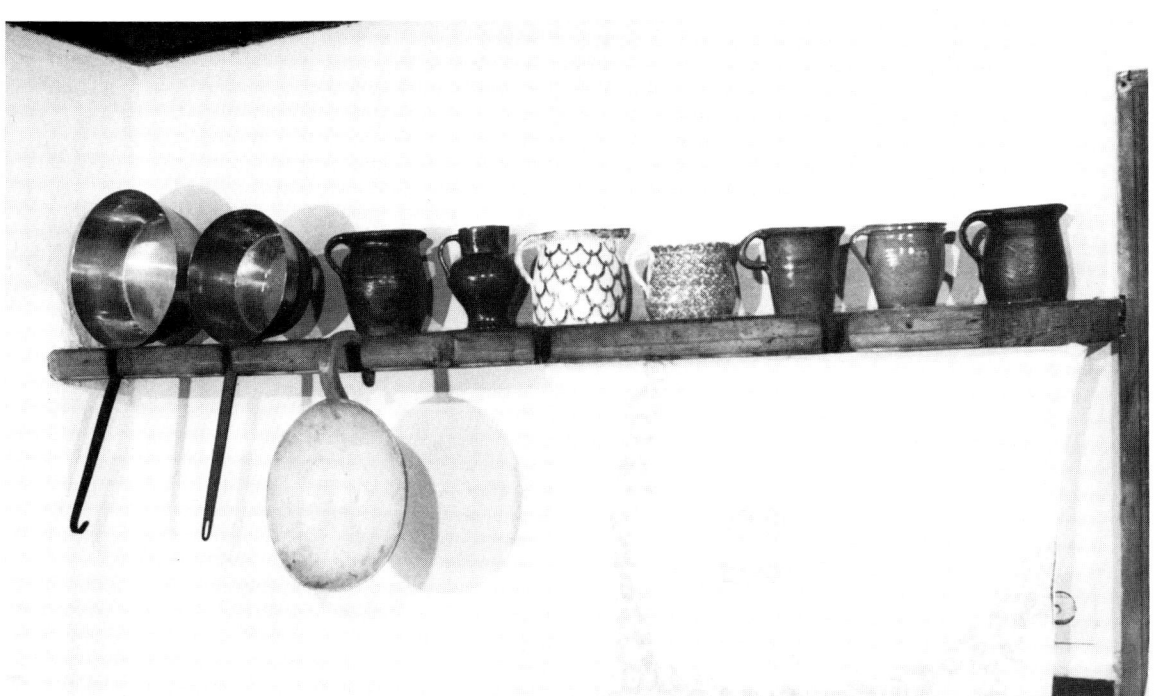

Küche der Elbacher Krippe mit Rauchkutte, 18. Jahrhundert. In der Pfarrkirche Elbach.

Schüsselrehm, um 1750. H 90, B 168, T 29. Heimatmuseum Schliersee.

Streng mußte die Fastenzeit eingehalten werden: »1592 eine Hausfrau hat am Sonntag in der Fasten einen Speck den Knödeln zugesetzt. Rentmeisterstrafe 3 Pfund Pfennige.« »1611 Ursula des Hans Miller von Wait Weib hat am Sambstag vor Herrn Fastnacht gesottenes Fleisch in der Kuchl gehabt und ein Stückl Schweinernes in gelben Rüben gesotten. Sie kam auf 3 Wochen in Eisen« (beide im Leitzachtal).

Noch aß man ohne Gabel. Wirtstaferne Hundham 1708, Bestecke: »½ Dutzend silberne Löffel, 1 Dtzd. buxbaumene Löffel mit silbernen Eicheln, 2 Dtzd. Tischmesser.«

Heimisches Spruchgut: »Essen und Trinken halt' Leib und Seel zsamm.« Lob für Roggenbrot: »Anan habernan (habergefütterten) Roß und anan rogganan Mo, dea ko' koa Wind und koa Wetta und überhaupts nix was o!« »Laß ma meine Nudln in dein Schmalz außabacha, nacha derfst dei G'räucherts in mein Kraut siadn.«

Zur früheren Kücheneinrichtung gehörten auch die Schüsselrehm und das Pfannbrett, mundartlich »Pfannarehm«. Die Schüsselrehm mit dem geschweift ausgeschnittenen Holzrahmen hat etwas Anheimelndes. Dieser Hausrat, einfach und klar, erfüllt einen doppelten Zweck: Griffbereit verwahrt er das Geschirr und stellt es gleichzeitig zur Schau als Wandschmuck der Küche. Das wandfeste, ausgeschnittene Pfannbrett hält die Pfannen, wobei die blanke Pfanneninnenseite »vocha schaugt« und die rußige Unterseite »voiche«, der Wand zugekehrt. Seltener ist ein senkrecht stehendes Pfannbrett. Eine Schmalseite ist an der Wand befestigt, die andere, von der Wand abstehende, hat Einschnitte für die Stiele. So ruhen die Pfannen waagrecht untereinander und lassen übriggebliebenes Schmalz nicht auslaufen.

Schüsselrehm, 19. Jahrhundert; H 68, B 90, T 24.

Schüsselrehm mit Schubladen, 18. Jahrhundert; H 58, B 53, T 22.

Die Bauernstube im 18. Jahrhundert

Die Obrigkeit drängte schon seit dem 16. Jahrhundert darauf, neue Häuser mit Steinmauern zu errichten. (Schliers 1617: bei 31 Häusern noch 22 ganz aus Holz, 8 Erdgeschoß gemauert, 1 ganz gemauert.) Deshalb ist bei Bauten nach 1700 mindestens das Erdgeschoß mit Feldsteinen gemauert und nur die Fensterlaibung mit Ziegeln gewölbt, wenn nicht dafür ein doppelzölliges Brett als Sturz dient. So trifft man allgemein besonders nach der regen Bautätigkeit von 1770 bis 1790 auf die geweißelte Stube. Zwischen den schon größeren Fenstern lassen sich in die starke tiefe Mauer nun leicht Wandkastl einbauen. Die Banklehne wird entweder aus einem Brett gefertigt oder als Rahmen mit Füllungen und reicht als Wandtäfelung bis zum jetzt breiten Fensterbrett. Beleuchtet wird abends die Stube mit einem der etwa drei Schuh langen Kienspäne (»Keaspo«, im Kienspanhalter schräg eingezwickt), die auf den Asenstangen überm Ofen zum Trocknen liegen. Neu ist der Herrgottswinkel; er ist vor 1700 nirgends nachzuweisen.

Seine Einführung wird auf die Jesuitentätigkeit in der Gegenreformation zurückgeführt. Diese Andachtsecke wird im Laufe der Zeit manchmal reich ausgestaltet. Zum Herrgott am Kreuz gesellen sich »Birdl«, Heiligen- und Andachtsbilder, Heiligenfiguren, Altärl, Eingricht, Leuchter, Blumen oder Epheu, mancherorts an Weihnacht ein Fatschenkindl (Christkindl) – als Anblick für die Betenden in der Stube. Vielleicht war vorher Älteres vorhanden, das damit verdrängt wurde. Einen Einblick in die damalige Stubeneinrichtung gibt uns das Bestandsverzeichnis von 1766 (bei Niklasreuth):

1 Crucifix; 1 altärl mit einem Glas; 1 achhorner tisch samt der schubladen, worin 7 painer, 1 Messing und 2 hülzerne Löfl; 1 unverspöhrte Söldentruhen; 1 unverspöhrter Casten, drinn 1 alt kupferner Hafen, 1 hülzernes Däller, 2 Öhllämperl, 1 Erdtenner Weichprunnkrueg, 1 kupfene Waag, 2 Eisen Leichter; 1 groß Eisene Schlag uhr; 1 unverspöhrtes Cästl, darin 1 plechenes ämperl, 9 unterschidliche gebett und ander biechl, 1 alte Flinten; 1 Wasserpitschen, 2 Erdtenne Kruege, 11 Hennen, 1 Hahn (unter der Bank mit einem Schluf ins Freie).

Bauernstube, 18. Jahrhundert; H 235, L 550, B 535.

Bauernstube, um 1740, mit Kreuztisch. H 212, L 507, B 501.

Bauernstube, 18. Jahrhundert, mit Kreuztisch und Rokokobrettstühlen. H 221, L 464, B 412.

Türen im 18. und 19. Jahrhundert

Das Bild der Türen wird abwechslungsreicher. Erst werden vielfach die glatten Außenseiten der Einschubleisten-Haustüren aufgedoppelt in Stern-, Malkreuz- und Rautenform. Die Zimmertüren werden nunmehr mit Rahmen und zwei Füllungen geschreinert. Die Füllungen verlockten manchmal den Maler, sie mit Inschriften und Bildern meist religiösen Inhalts auszustatten oder mit Blumenornamenten und Darstellungen aus dem Landleben. Doch auch Schnitzereien an Stuben- und Haustüren sowie an den Türstöcken sind erhalten; die Türfüllungen für gewöhnlich mit Eckverzierungen, die Stöcke mit geschnitzten Rahmeneintiefungen. Einzigartig sind die geschnitzten, gerafften Vorhänge mit Quasten (»Doschen«) zu beiden Seiten der von J. Reiserer 1780 gefertigten Haustür.

Einige Inschriften über Haustüren (alle nach 1700):

Schmiedwirtshaus Elbach (erb. 1762):

Ich haw gebaut nach meinen sin; dems nicht gefält, der geh dahin;
doch haw ich vill, die mich beneiden,
aber wenig, die mich begleiden.
Doch mag mir einer winschen, waß er will,
so winsch ich im no so vill.

Wölflbauer:

Wir pauen pei der strasen,
die leit nur reden laßen,
Wans nur disem gfallt
der uns bezahlt. J B 1765

Wirtshaus Niklasreuth 1767:

Den Auß und eingang gott bewahr,
behuette uns vor aller g'fahr

Wiedenbauer 1772:

Hl. Florian, wann ungefehr feurer endstedt
errett unß aus allen g'fahrn
durch dein fürbitt und gebett,
due unßer hauß und hoff bewahren.

Hl. Sebastian in Krankheit, Pest und Hunger Not
bitt du vor unß bey Gott

Das Seelig werden ist ein kunst
Gott gibt den Himmel nit umbsunst.
Der Himmel leudet gewalt,
der faule ihn nit erhalt.

Rautentüre, 18. Jahrhundert, Reichan-(Schubleisten-)Haustür. Aufgedoppelte Rauten. Lichte H 174, B 90.

Granzer 1786:

Ach bleib bei uns, du guter Herr!
Verlaß uns nicht, du Freundlicher!
Der Zeiten Abend dringt herein;
Wir können ohne dich nicht sein.

Jodlbauer 1786:

Wir Menschen Bauen Häußer Vest
Und sind darin nur Fremde Gest
und wo wir ewig sollen Sein
da Bauen wir gar wönig drein

Sag Nichts herein, sag nichts hinauß
so bleibt der Frid in mein Hauß

Maurer Hofreuth 1786:

Dies Haus ist mein und nit mein
und wird auch nit den zweyten sein.
dem dritten wirds auch übergeben
wird ihm auch wie mir geschehen

Inschriften auf Kammertüren:

Vieles, was wir jetzt nicht meinen,
wird im Tod uns groß erscheinen.

Sterntür, 1. Hälfte 18. Jahrhundert, Reichan-Haustür. Der Stern ist mit Holznägeln aufgedoppelt. H (mit Stock) 196, B 101.

Schließ dich gans ins herz Jesu ein
Wenn du von der höll willst sicher sein.

Wenn zu nachts liegst ohne schlaf
von wachen dir ein nuzen schaf
Tue betrachten in deiner ruh
was dorten gehe ewig zu.

Die bestendigkeit helt sich
falschheit selbst verzehrt sich,
weg mit falscher freundlichkeit
welche gift zum zucker streit.

Vierzger (mit anschaulichem Bild):

Nach sanften Schlaf nach sisser Ruh
erheb ich mih in Goldner Fruh!
Treib meine Herd zum Wasserfall,
auf grüne weiden, wo Weit Entfernt
das ich der Grossen Gliek beneide.

Vierzger 1792:

Am stillen Abend, wann die Sonne sinkt,
Dann leg ich mich Ermidet auf mein Lager nieder
Ruh sanft und Ungestirt
zum Neuen Kräften wider.

Leben und leben lassen,
Alles lieben und Niemand hassen.

Malkreuztüre, 18. Jahrhundert, Reichan-Kammertür. Aufgedoppeltes Malkreuz. Lichte H 177, B 110, T 48.

Bemaltes oberes Feld einer Kammertür (J. N. Pichler?). Im unteren Feld ein dazu passender Vers (siehe oben »Vierzger«). H 60, B 55.

Alte Füllungstür in getäfelter Wand. Aus Fischhausen.

Mauerkehle, Wandkastl und Stell im 18. und 19. Jahrhundert

Vereinzelt findet sich noch zwischen den Stubenfenstern eine Mauerhohlkehle als Abstellplatz, mundartlich »Kehlä«, sonst aber sind diese Mauervertiefungen ausgefüllt mit einem verschließbaren »Kaschtl«, dem Wandkastl. Es tritt uns in verschiedenen Formen entgegen. Keines gleicht dem anderen, nur die zwei Kastl in den beiden Fensterwänden einer Stube sind gleich. Das Schubleistentürl überwiegt, auch Füllungstüren sind anzutreffen. Aufgedoppelte, ausgeschnittene Lisenenbrettchen, Aufsatzüberhöhungen, Deckleisten, Schnitzereien und Bemalungen bewirken die Vielfalt dieser reizvollen Wandkastl. Weitere Abstellmöglichkeiten bieten Wandbretter, »Stöll« in Flöz, Söller und Stube sowie das selten vorkommende Wandgestell. Die Inschrift auf letzterem:

> Wer alhier Recht Sauhwer Palwierth
> Wil Sein Der Shaue in disen
> Spigl Herreinn (1759)

Wandkehle in der Stube eines Hauses von 1657. H 82, B 92.

Stubenwandkastl, bemalt, um 1760; H 83, B 65.

Stubenwandkastl, um 1780; H 89, B 44.

Stubenwandkastl, um 1825; zopfig geschnitzt; H 115, B 72.

Stubenwandkastl mit Banklehne, bemalt, 1794; H 97, B 63, T 30.

Stubenwandkastl, 18. Jahrhundert; H 86, B 64.

Stell, »Stillä« genannt, 18. Jahrhundert; L 232, B 33.

Wandkastl, 1830, zopfig geschnitzt; H 148, B 116.

Wandgestell mit Schubladen, 1759; H 46, B 160, T 17. Inschrift: »Wer alhier Recht Sauhwer Palwiert (= barbiert) Wil Sein Der Shaue in disen SPigl Herreinn«.

Tischformen im 18. und 19. Jahrhundert

Zu den früheren Stubentischformen – Schragen und Kreuztisch – tritt Ende des 18. Jahrhunderts der Pfostentisch mit senkrechten, oft gedrechselten Beinen. Fußleisten (»Gelts Gott«) verbinden die Tischbeine. Neben quadratischen Stubentischen werden gegen 1800 auch runde, mit Kreuz- oder Pfostengestell, gebräuchlich. Als Arbeitstische wie z. B. Waschtische wurden längliche Formen vorgezogen, entweder mit ausgezogenem Kreuzgestell oder Pfostenwangengestell. Der Pfostenwangentisch hat statt der Brettwangen zwei starke, vierkantige Pfosten, in die oben und unten Querhölzer eingezapft sind. Die zwei Pfosten an den Enden sind mit einem Steg verbunden. In einer alten Stubenkammer fand sich ein Klapptisch über der Wandbank.

Tischplatte, mit Obstbaumholz eingelegt, 1778; L 116, B 108.

Schragentisch, Ende 18. Jahrhundert; H 74, L 114, B 112.

Schragentisch, Eiche ohne Platte, H 71, 18. Jahrhundert.

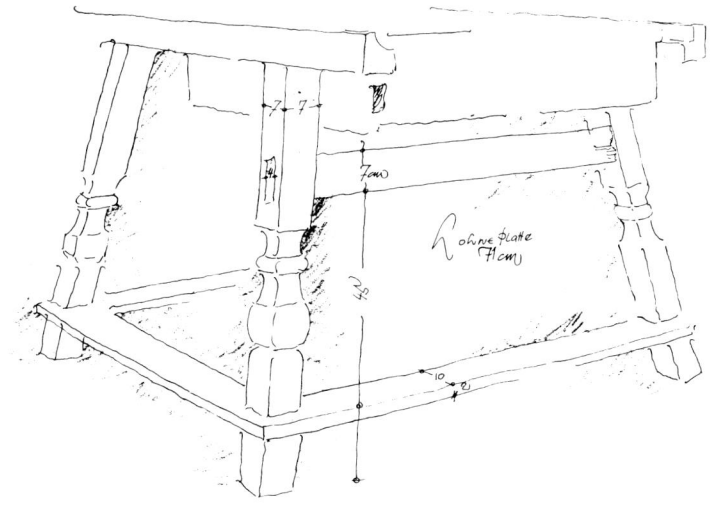

Ausgezogener Kreuztisch, 19. Jahrhundert; H 72, L 135, B 63.

Runder Kreuztisch, 18. Jahrhundert; H 72,5, Durchmesser 84.

Schragentisch mit eingelegter Schieferplatte auf Holzrädchen, 18. Jahrhundert; H 78, L 127, B 89.

Die Bank – Die Fußbank

In vorgeschichtlichen Hausresten Süddeutschlands hat man an den inneren Hauswänden entlang Lehmbänke nachgewiesen, die offensichtlich tagsüber zum Sitzen und nachts zum Schlafen dienten. In unserem Bauernhaus kennt man die wandfesten Stubenbänke, bei denen die Sitzbretter entweder durch in die Wand eingelassene Stützen gehalten werden, oder, weitaus in der Mehrzahl, durch Brettdocken. Am Stubentisch sind ferner die lehnenlosen Fürbänke auf vier Haxen anzutreffen, wobei schwächere Sitzbretter wegen des Werfens und der Haltbarkeit mit Einschubleisten versehen sind.

Vor jedem Bauernhaus steht die Hausbank, die jeden gastfreundlich zum Verweilen und Rasten einlädt. Da finden sich bis über vier Meter lange Bänke in dieser Machart, die wegen ihrer Länge noch zusätzlich zwei Beine in der Mitte haben; es gibt sie auch mit mehreren Brettdocken. Lehnen waren an der Holzblockhauswand nicht nötig. Bei einer anderen, etwa zwei Meter langen Hausbankart besonders des 19. Jahrhunderts, werden die seitlichen Docken über die Sitzfläche hinauf zu einer Armlehne hochgezogen und halten noch eine geschwungene Rückenlehne. Manchmal ist in der Mitte ein Klapptisch angebracht. Diese Form wurde auch für die »Laabnbank« (Laube, Balkon) verwendet oder gepolstert und mit Schubladen darunter als Ruhebank am Stubenofen. Sogar das städtische Kanapee (Sofa) auf vier Füßen mit gepolstertem Sitz, Arm- und Rückenlehne, fand im Bauernhaus Eingang.

Das Wort Schemel war hier nicht bekannt, wohl aber »Bankä« oder »Fuaßbankä« – die Fußbank. Verschiedene Herstellungsarten zeigen, daß die Fußbank als Kleinhausrat schon eine lange Geschichte hat: Seitstollenbauweise, dann mit Schrägfüßen, die in Einschubleisten eingedübelt sind, ferner noch wie ein Pfostentisch um 1800 zusammengefügt.

Schubladenbank, um 1820; H 90, B 172, T 60.

Laubenbank, um 1800; H 93, B 257, T 35.

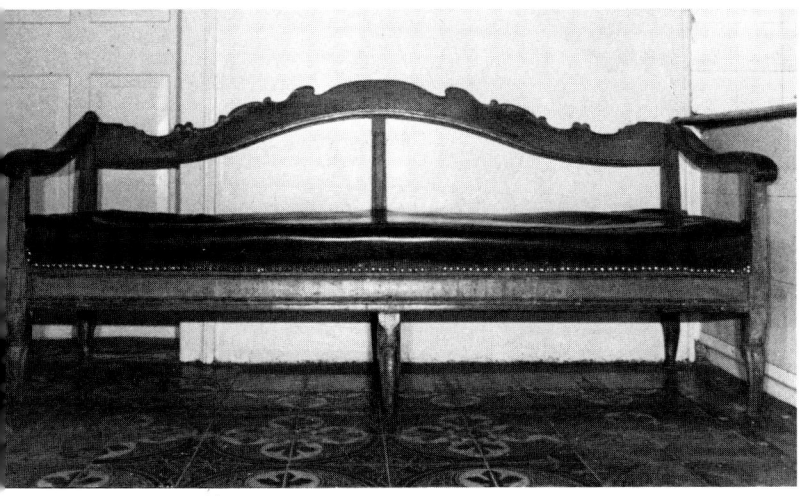

Stubenbank mit Tierdocken, 18. Jahrhundert; H 50, B 112, T 38.

Fußbank, um 1870; H 21, L 40, B 23.

Zwei Fußbänke (»Fuaßbankä«). Links H 24, L 50, B 26; recht H 22, L 43, B 22.

Linke Spalte:
Polsterbank, Lederbezug mit Roßhaarfüllung auf Gurten, Ende 18. Jahrhundert. Sitzhöhe 50, B 122, T 38.

Hausbank mit Klapptisch, um 1800. H 95, B 175, T 87.

Schubladenbank, um 1815. H 90, B 175, T 59.

Hausbank, um 1800. H 105, B 224, T 45.

Bauern-»Seßl« im 18. Jahrhundert

Die Brettstühle – um solche handelt es sich bei den Bauernsesseln – kamen in Deutschland zwischen 1500 und 1600 auf und wurden zuerst im bürgerlichen Bereich verwendet. Auf dem Lande sind sie seit dem 18. Jahrhundert bekannt, doch heute stellt man sich unter einem Bauernstuhl nur mehr einen Brettstuhl vor. Stühle werden hier durchweg »Seßl« genannt, Sessel »Loahseßl«. Die leichten und doch standfesten Brettstühle waren billig herzustellen. Vier Beine wurden schräg in die Einschubleisten oder in das Sitzbrett eingedübelt, in dem auch die ausgeschnittene Rückenlehne eingezapft und verkeilt wurde. Eine besondere lehnenlose Art ist der Dreifuß als Melk- und Schusterstuhl, bei dem die Sitzfläche als Scheibe gedrechselt ist. Drei Füße deshalb, weil dann der Stuhl auf unebenem Boden sicher steht.

Beim »Seßl« wurde das Rücklehnenbrett ganz verschiedenartig ausgeschnitten, auch mit Loch zum leichteren Fassen beim Tragen. Der Schreiner verwendete Lehren (Schablonen) für die Umrisse zum Ausschneiden des Rückenbrettes. In ganz Deutschland war z. B. die Doppeladlerform beliebt, die nach und nach immer einfacher ausgeschnitten wurde, so daß man den Reichsadler bei späteren Stücken nur noch ahnen kann.

»Seßl« (in Altbayern sagt man zu jedem Stuhl »Seßl«) mit Doppeladler, Ende 18. Jahrhundert; in der Fachsprache »Brettstuhl« genannt. H 83, Sitz H 45, B 43, T 38.

Stabsessel, eingeschnitzt, 1700, Hartholz; H 71, B 59, T 32.

Rokoko-Brettstuhl, Ende 18. Jahrhundert; H 80, B 41, T 33.

Rokoko-Brettstuhl, Ende 18. Jahrhundert; H 89, Sitz 48, B 35, T 42.

Seßl (Brettstuhl, 18. Jahrhundert); der Doppeladler ist kaum noch erkennbar; H 84, Sitz 45, B 33, T 46.

Beschwingtes Rokoko

Das Rokoko wird wohl die fröhlichste Kunst sein, die Europa hervorgebracht hat. Es erlebte in Deutschland seine höchste Blüte im Süden. Dies konnte auf unsere bäuerliche Kunst nicht ohne Wirkung bleiben, der Einfluß begann allmählich nach 1760. Die Möbel wurden mit Grundfarbe gedeckt, gerne in Blau als Lieblingsfarbe gefaßt, dadurch entstofflicht. Fassung, lichtere Farbgebung und dann noch Vergoldung veränderten das Bild. Die Schrankform kommt in Bewegung. Der Schrank erhöht sich, zwischen Gesims und oberen Türrand schiebt sich eine Bahn, die nun häufig Besitzernamen und Jahreszahl enthält. Die Seitkanten werden abgeschrägt, Kugelfüße darunter befestigt. Die Schrankmitte wölbt sich empor, die Türrahmen ahmen die Hebung nach. Sogar die ebene Möbelfläche biegt und wölbt sich. Fast durchweg sind die Türen der Kleiderschränke in Felder aufgeteilt, die entweder aus echten Füllungen bestehen oder nur durch Leisten und Malerei angedeutet sind. Der Drang zur Auflockerung macht auch vor den Füllungsrahmungen nicht halt, die doch seit der Renaissance die Feldergliederung streng bestimmen. Anfangs noch rechteckig, dann zum Achteck gebrochen, hernach mit Viertelkreisen eingebuchtet, schwingen sie sich plötzlich mit der oberen Begrenzung gleichlaufend mit dem Gesims zur Mitte empor, dann auch mit der unteren. Bald schmücken sie sich mit einem Rokoko-Rahmenwerk, in das nun auch die Seiten einbezogen werden. Schließlich gibt es bei den Felderrahmen keine Geraden mehr, alle sind aufgelöst in Rocaillen (Muscheln), später teils auch in Zopfformen. Schnitzwerk tritt auf und bereichert die Möbelform, hervorgehoben durch Vergoldung. Die Schränke sind die wirkungsvollsten Träger der Bemalung geworden. Aus den oberen Füllungen schauen gemalte Heilige heraus, in Brustbildern oder in ganzer Gestalt, mit ihren kennzeichnenden Merkmalen. Die unteren Felder zieren Blumen in Vasen. Dann wieder beherrschen Reiter die oberen Felder, es sind berittene Schutzheilige. Weltliche Gedanken lösen die heiligen ab. Sorglos bewegen sich feingeputzte Schäferinnen in parkähnlicher Landschaft. Oder: Frühling, Sommer, Herbst und Winter grüßen aus den vier Schrankfeldern. Auch Inschriften beleben ab 1770 manchmal das Kastenbild. Einige seien angeführt.

»Todt und lebendig,
drey und beständig,
vergest mein nit,
diß ist mein bitt.« (1780)

»vill Herzen gibt es auf disser Welt
Aber nur eins das mir gefelt.« (1802)

»Die Roßen blien und fallen ab
Die Lieb bleibt beständig biß
ins grab.«

»Ein treues Herz in redlich Liebe,
und nie kein falsches Wort,
ein soliches Herz ist Krönen wert
und lebt glückselig auf der Erd.«

Die Kunst des Rokoko hat also in unseren ländlichen Handwerkern Kräfte freigemacht, die sich nun ungezwungen entfalten konnten und das Leichte, Heitere und Verspielte des Lebens zur Geltung brachten.

Gewölbter Rokokoschrank mit Jahreszeitenbildern, rot und grün marmoriert; H 205, B 130, T 55. In den Bildern: Der Frühling ist die schönste Zeit – der Sommer fehlet auch nicht weit – der Herbst stellt es beden (= beiden) ein – der winter mueß der Narr sein.

Gewölbte Kommode auf grünem Grund; gelbe Rokokoumrandung, weiße Sternblumen und rote Rosen; Messingbeschläg; um 1810. H 88, B 121, T 66.

Namenszüge und Blumen in der Füllung, Streifenmalerei und Marmorierung im Rahmen der Schränke

Die Auswirkungen der Jesuitentätigkeit in der Zeit der Gegenreformation zeigten sich auch im Bauernhaus unserer Gegend, hauptsächlich seit dem 18. Jahrhundert. Den Herrgottswinkel findet man seither in katholischen Gegenden, die Stoßgebete »Marand Josef«, »Jessas Maria« werden aus dieser Zeit stammen, die religiösen Hinterglasbilder und die Heiligenbilder auf Möbeln ebenso. Christliche Bilder und Sinnbilder sollten dem Gläubigen als Andachtsbilder vor Augen stehen, Schutz und Schirm bieten und ein Bekenntnis zum katholischen Glauben zeigen. Sinnbilder sind hauptsächlich die Jesus- und Maria-Kürzel: IHS-Namenszüge erscheinen auf dem Betthimmel von 1693 bis 1770, auf den hiesigen Schränken konnten sie von 1743 bis 1803 nachgewiesen werden. Die bäuerliche Holzstreifenmalerei auf Möbeln ist eine Nachahmung der schräg gestreiften Nußholzfurniere auf Stilmöbeln. Schränke mit Streifenmalerei sind hier von 1776 bis 1803 bekannt.

Weiterhin begegnen wir Blumenschränken von 1784 bis 1827, aber Größe und Gestalt des Schrankes sind verändert. Die Malerei betont jetzt vor allem die Füllungen, die sich schon in ihrer Grundierungsfarbe von der Umgebung wirksam abheben. Auf allen vier Feldern erfreuen uns bunte Blumensträuße in Vasen. Ein Schrank zeigt das damals beliebte helle Blau als Grund, der andere rotgesprenkelte Marmorierung, die hier von 1824 bis 1848 angetroffen wird.

Blumenschrank, 1796. Grund hellblau, Füllungen rötlich. H 184, B 110, T 45.

Schrank, in Brauntönen, mit Namenszügen und Streifenmalerei, 1803; H 173, B 112, T 41.

Blumenschrank, 1827. Rot marmoriert, Felder grüngrundig. H 198, B 105, T 46.

Schrank, braun, mit Namenszügen und Holzstreifenmalerei, 1786; H 169, B 128, T 57.

Schutzheilige erscheinen auf Schränken

Obwohl ornamentaler Schmuck auf Möbeln einheitlicher wirkt, sprechen doch bei vielen Menschen figürliche Bilder besser an. Bilder, mundartlich »Birdl«, fallen auch wesentlich stärker ins Blickfeld als die Namenszüge, die vorhin erwähnt wurden.

Bilder mit Darstellungen von Volksheiligen werden nun zum Höhepunkt religiöser Malerei auf Einrichtungsgegenständen, die ab 1760 üblich wird. Nun wird es Sitte, Heilige in Brustbildern, in ganzer Gestalt und schließlich mit landschaftlichem Hintergrund in den Schrankfeldern erscheinen zu lassen. Vor allem sind es Schutzheilige, an ihren Merkmalen erkennbar, und Namenspatrone, die jetzt in Kastenfüllungen gemalt werden. Damit wird eine persönliche Beziehung zum Besteller hergestellt; z. B. sieht man bei einem Schrank von 1769 den hl. Augustinus, der auf den Besitzer gleichen Namens hinweist, auf einem von 1780 den Namen Franziskus und eine Abbildung des Heiligen. Auf einem Schrank von 1784 ist der Name Maria und die Abbildung der Muttergottes, auf einem von 1824 der Name Anna und die Heilige gemalt. Die Heiligen sind also in bildmäßiger Erscheinung vor ihren Schützlingen gegenwärtig.

Heiligenschränke konnten hier von 1769 bis 1836 festgestellt werden.

> Ein Treies Hertz hab ich gefunden,
> hab das mein darangebunten.
> (Heiligenschrank, 1808)

Heiligenschrank, 1782. Links: Margarete, rechts: Barbara. H 192, B 134, T 57. Inschriften auf den Seitenwänden: Todt und lebendig / drey und beständig / vergest mein nit / diß ist mein bitt – Die Roßen blien und fallen ab / die Lieb bleibt beständig / biß ins Grab. Inschriften innen: Gedenk der Juliana Zwergerin Loderin / alß dein tauff godl und vormunderin 1782 – Simon Zwerger Löderer in Schliersee alß tauffgöd und Vormunder.

Reiterkasten mit hl. Georg und hl. Martin, 1820. H 178, B 135, T 58. ▷

Heiligenschrank, 1813. Vermutlich aus der Schreinerwerkstatt von Dionys Rechthaler und bemalt von Michael Böham. H 189, B 122, T 45.

93

**Jahreszeiten- und Schäferschränke –
Vom Zopfstil**

Die vier Jahreszeiten in den vier Feldern des Schrankes abzubilden, war eine verlockende Aufgabe, die schon Johann Böhamb auf seinem Schrank von 1778 meisterhaft gelöst hat. Öfter sieht man die Darstellungen zwischen 1836 und 1848 in kleinen ovalen Bildern der damals gerne üppig verzierten Schränke. Ländliches Leben, Säen, Mähen, Getreideernten, Laubrechen, Obsternten, Holzfällen und Schlittenfahren beherrscht den Vordergrund vor einer lieblichen Landschaft. Die einzelnen Bilder werden noch verdeutlicht und bereichert durch daruntergeschriebene Verse. Auf einem Schrank von 1778 von J. Böhamb:

ver
Der Frühling Bringt mit Lust: den schönen Blumen Flor
Er freuet Sinn und Brust: Macht Frölich den Humor.

Aestas:
Es Zeigt Der Somer: Hut: der Ernde Freude zeichen:
und ist kein Lust so gutt: dem dise zu vergleichen.

Auctumus:
Der Herbst Trägt ein Reichlich der Erden Frucht und Gaben:
Das Man Im Winder was mög zu vertzöhren Haben.

Hiens:
Im Winter ist es guett beim Warmen Ofen sitzen:
und im Gemüthe sich mit Music zu ergötzen.

Auf Schrank 1817:
Im Frühling ist der Bauer frisch und wacker
fahrt mit dem Pflug in seinem Acker.
Im Sommer gibt es große Hitz
Macht, daß ich viele Tropfen schwitz.
Im Herbst nimmt man die Früchte ab;
das Laub fällt von sich selber ab.
Im Winter ist es kalt und weiß,
macht auch viel Schnee und Eis.

Rousseaus Ruf »zurück zur Natur« war der Ausgangspunkt, aus dem die höfischen Schäferspiele entstanden, die schließlich auch in den bäuerlichen Schäferdarstellungen auf Schränken ihren Niederschlag fanden (1778 bis 1826). Wahrscheinlich waren es aufgeklebte kolorierte Augsburger Kupferstiche, die die adelige Gesellschaft in

Schrankfeld eines Jahreszeitenschrankes von 1836. Schrank: H 212, B 116, T 38.

Schäferin in zeitgenössischer Tracht. Ausschnitt aus einem Schrank von 1814. H 180, B 118, T 43.

Im Zopfstil geschnitztes Feld eines Schrankes aus der Zeit um 1830.

Linke Seite:
Schrank, 1821. Grund braungrün. Hie Bauer, hie Edelmann. H 174, B 118, T 44.

Schäferschrank, 1826. Grund hellblau. H 181, B 121, T 52.

Schrankfeldern zeigen, wie sie Landleben im Park spielt. Hie Bauer – hie Edelmann, kann die schon den Eigenwert fühlende Gegenüberstellung auf einem Schrank bezeichnet werden. Es drückt sich vielleicht hier das beginnende Selbstbewußtsein der Landbevölkerung aus. An Veränderungen um diese Zeit möge in diesem Zusammenhang erinnert werden:

18. Jahrhundert, Zeitalter der Aufklärung (Verbreitung von Einsichten, die auf die Vernunft gegründet sind).
1734 Reichsgrafschaft Hohenwaldeck kommt zum Kurfürstentum Bayern.
1803 Ende der Herrschaft der Klöster durch deren Auflösung.
1803 Einführung der allgemeinen Schulpflicht.
1808 Aufhebung der Leibeigenschaft der Bauern.

Auch Einflüsse des klassizistischen Stils, Zopfstil genannt, fanden ihren Weg auf das Land. Besonders Eckquadrate mit Rosetten verziert, verbunden mit Zöpfen, Girlanden, Pflanzengewinden und Ovalformen wurden aufgenommen. Zopfstilformen wurden schon 1780 von J. Reiserer in seinem Haus verwendet, 1794 bei der Ausschmückung der Stube des Lederer-Anwesens in Schliersee, 1806 von Rechthaler in Schliersee bei seiner Haustüre, beim Stöger in Schliersee in der Lauben-, Fensterläden- und Stubenzier. Zopfige Merkmale zeigen sich auf Schränken, Kommoden und Betten etwa von 1810 in zunehmendem Maße bis 1850. Unbemalte, geschnitzte Möbel werden nach 1830 häufiger gefragt. Sie bekamen neben den Anklängen ans Rokoko Schmuck im Zopfstil.

Jahreszeitenschrank, um 1830. Rot marmoriert. H 194, B 107, T 40.

Schrankfüllungen mit kolorierten Kupferstichen höfischer Motive, um 1820. Schrank: H 191, B 112, T 48.

Bekannte heimische Meister

Aus den letzten Jahrzehnten des 18. Jahrhunderts werden uns endlich einige Meister im Möbelbau und in der Möbelmalerei bekannt, die in unserer Gegend gearbeitet haben und denen wir Arbeiten zuordnen können. Auch die Hafner mit ihren Werken wollen wir kurz anschließen.

Johann Nepomuk Pichler in Schliersee
Unser volkstümlichster Möbelmaler ist Johann Nepomuk Pichler. Die Angaben über sein Leben enthalten im Vornamen eine Unklarheit: Pfarramt Thiersee bei Kufstein, Taufbuch 3. Bd., S. 66: »Johann Baptist Bichler, geb. 1. Juni 1742 in Thiersee. Eltern: Leonhard Bichler und Katharina (geb.) Lejthnerin. Nachtrag 1842: Profeß abgelegt als Laienbruder 8. 11. 1797 i. Bened. Stift Tegernsee, gest. 16. 10. 1827 in Egern.« Pirmin Lindner in: Die Äbte ... der Abtei Tegernsee (Obb. Archiv 1897/98, Bd. 50): »Mönch 844, Bruder Castorius Pichler (vorher Johann Nepomuk) geb. z. Thiersee i. Tirol Erzbist. Salzburg am 1. Juni 1742, einfach. Profeß abgel. 8. 11. 1797, war Sakristan und Maler, hat 1806 noch im Kloster gewohnt, Zeit und Ort seines Todes sind unbekannt.« In Egern und Tegernsee ist er nicht begraben.

Aus seiner Tätigkeit: Zahlreiche Arbeiten sind zwar nicht signiert, werden jedoch allgemein Pichler zugesprochen:

1770 Votivtafel Leonhardi-Kapelle Fischhausen (sign.).
1777 Schlierseer Pfarrkirche Marmorgedenktafel mit Inschrift, Kelch und Kreuz als Steinmetzarbeit Signum JNP.
1778 Kirchenrechnung Schliersee: »Johann Nepomuk Pichler, Mahler in Schliersee hat laut Scheins vor einen gemachten leimfarbig Kreideanstrich an dem Getäfer, empfangen 1 fl 5 x. Ferner bekennt derselbe gemäß anlag vor underschiedliche gemachte Anstriche und ausgebesserte Engerl verdient zu haben 2 fl 33 x« (Gulden und Kreuzer).
1778 Schlierseer (jetzt Nat.-Mus. München) Himmelbettstatt mit Entlassung Marias und Hochzeitsdarstellungen Mahl und Tanz. Der blaue Bettgrund ist durch senkrechte rote Streifen aufgelöst mit Blumen dazwischen und erinnert an Stoff- und Tapetenmuster im Stil dieser Zeit. (Louis seize, signiert.)
1784 Schlierseer Heiligenschrank. Die Flächen sind mit Blumengerank überzogen.
1786 Schlierseer Heimatmuseum, Schäferschrank, bei dem wieder die »Vorliebe für kleinteiliges Blumen- und Rankenwerk« (Gebhard) auffällt.
1793 Probstbauer Fischhausen, Zimmerwandgetäfel – Bemalung, farbenfrohe Wandstreifenmalerei mit Blumen auf Blankholz (ähnlich in einem Rottacher Bauernhaus).
1793 Weyarner Klosterrechnung: »... einige Zimmer angestrichen.«
Im Kloster Tegernsee hat er Kulissen gemalt.
Im Miesbacher Museum befindet sich eine Bett-Truhe mit Bildern der Heiligen Drei Könige an der Krippe und der Hirten auf dem Felde.

Jeden bildhaften Stoff, den Pichler aufgreift, gestaltet er anschaulich, klar und in erfrischender Volkstümlichkeit. Er erzählt Geschichten in seinen Bildern und verleiht diesen einen märchenhaften Glanz und Zauber. Als Besonderheit belebt er die leeren Farbflächen mit Blumenmusterstreifen. »Bichler, sicher eine der stärksten Begabungen, zeichnet sich durch eine urwüchsige, wenig von Stilmitteln beeinflußte Denkweise aus« (Gebhard).

Ausschnitt aus der Seitenwand eines Heiligenschranks von 1780 (»Maria Öttlin«).

Ausschnitt aus einer mit Brettern vertäfelten und tapetenartig bemalten Holzwand einer Fletzkammer. Früher im Probstbauernhaus Schliersee; bezeichnet »S N N 1793«; vermutlich von J. N. Pichler.

Schäferschrank, 1786. Tapetenartige Blumengrundierung. Im oberen Türfeld links »Der gute Hirte«. H 186, B 122, T 50. Heimatmuseum Schliersee.

Wange eines Himmelbettes: Hochzeitsmahl und Küche. 1778. Bayer. Nat.-Mus. München.

Anbetung der Hirten, an einer Bett-Truhe, um 1780. Heimatmuseum Miesbach.

Die Heiligen drei Könige, an einer Bett-Truhe, um 1780. Heimatmuseum Miesbach.

Innenseiten der Türen des Heiligenschrankes »Maria Öttlin« von 1780. Vermutlich von J. N. Pichler.

*Der ist wohl ein beglickter Mann
der stets das Mitel dreffen kann*

*Wer nur ein lenz will seyn
kom̃t hart in himel ein*

*Thue nur diesen vogel meiden
so wirst du dort nichts ewig leiden*

*Wer iezt in gutem Nam̃ will leben
Mues ein Lateinisch nix abgeben*

*Wann du wilst was dir recht gefalle
So such nur alles yber alle*

*Schau nur an disen wasen
Und mach Dir einen Knuepf ind nasen*

*Wer der weld und freunten traut
hat sein hauß auf Sand gebaut*

*Wann du wilst dise stett aus grinden
wirst nichtz als Schneider fünden*

*Alle so sich Mariam Nennen
Müssen sie vor ihr haubt bekennen*

*Die Welt hat nichts alß Eitelkeit
wer Jesum fünd hat wahre freüd*

*Was Jesus an dem Creuz empfunden
Macht auch Maria gleiche Wunden*

*Mehr thuet man vor die höll iezt leiden
Alß vor die wahre him̃elßfreiden*

Johann Reiserer aus dem Leitzachtal
Mehrere »Johann Reiserer« arbeiteten in einer Geschlechterreihe als Schreiner, Holzbildhauer und Maler im Leitzachtal.

1699–1781   Johann Reiserer
1745–1814   Johann Reiserer; er war ein kunstreicher Schreiner und Kistler wie sein Vater.
1777–1828   Johann Reiserer, stürzte als Malergehilfe beim Fassen des Hochaltares in der Pfarrkirche vom Gerüste ab und war sofort tot (Brunnhuber).

Einige Arbeiten der Reiserer:
1780   Eigene Haustüre, beiderseits von gerafften Vorhängen mit Quasten (Doschen) umrahmt, alles geschnitzt und farbig gefaßt. Altantüre, von geschnitzten Engeln umrahmt.
1780   Eigene Stubeneinrichtung geschnitzt und gefaßt, in Holzstreifenmalerei. Inschrift JR 1780. Es ist in unserem Gebiet das früheste bekannte Beispiel einer im Zopfstil gehaltenen Bauernhauseinrichtung. Besonders hervorzuheben sind die flankierenden Cherubsengelköpfe an der Ehkammertür sowie als Loblied auf die Musik die Wandkastenbilder von König David, Harfe spielend, und der hl. Cäcilie an der Orgel.
1780   Kinderbett in der gleichen Ortschaft, Inschrift IR 1780, möglicherweise also Johann Reiserer.
1787   Johann Reiserer, Kistler in Greisbach, machte den Sarg für Prälat und Rektor Ritter von Daller.
1803   Johann Reiserer malte und signierte mit Johann Beham zusammen eine Stubendecke, darstellend die hl. Maria und die vier Erdteile (jetzt im Germ. Nat.-Mus. Nürnberg; siehe auch das Kapitel »Decke und Boden«).
1813   Johann Reiserer, Kistler, fertigte Knopf und Kreuz auf dem Kirchturm zu Elbach.

Die Reiserer sind ein Beispiel dafür, wie sich der Beruf der Kunsthandwerker von Vater auf Sohn vererbte. Dem Vernehmen nach sollen sie hauptsächlich in Kirchen gearbeitet haben und werden auf der Stör viel unterwegs gewesen sein. Doch besaßen sie eine Heimstatt, die künstlerisch ausgestaltet wurde. Ein bäuerliches Anwesen war der sichere wirtschaftliche Hintergrund.

Ausschnitt von einem Heiligenschrank, 1767. Der hervorragend gemalte Schrank kam 1837 als Aussteuerstück aus dem Reisererhaus an einen anderen Platz. Von Vater oder Sohn Johann Reiserer?

Der Eingang zur Ehkammer des Reiserer-Hauses ist flankiert von zwei geflügelten Engelsköpfen.

Stubenwandkastl in der Reiserer-Stube. Zopfstil. König David und die hl. Cäcilia musizierend.

Stube des Johann Reiserer, bezeichnet: J. R. 1780.

Wohnhaus des Johann Reiserer, 1780. Von ihm selbst im Zopfstil festlich gestaltet und bemalt.

Die Brüder Johann und Michael Böham
Auch zwei bedeutende Rokoko-Maler arbeiteten in unserer Gegend: die Brüder Johann Baptist und Michael Böham. Sie betätigten sich in hervorragender Weise als Lüftl-, Kirchen- und Möbelmaler. Angaben aus ihrem Leben (Die Schreibweise ihres Zunamens wechselt. Verschiedene Pfarrämter):
Johann Baptist Behamb, geb. 24. 10. 1752 in Westerndorf bei Glonn als Sohn des Jakob Behamb, vulgo (Hausname) Hechenberger in Westerndorf bei Glonn, und seiner Frau Maria Riederin aus Glonn; sie verehelichten sich 1749. 1789 »bürgerlicher Maler in Aibling«. »1792 Joh. Böheimb von Fischbachau«, gestorben am 3. März 1838 in Aibling an Altersschwäche.
Michael Behamb, geb. 24. 9. 1757 in Westerndorf bei Glonn als Sohn des Jakob Behamb.
1780 auf Schrank: Michael Böhamb Mallergsell Lechen. 1809 wohnhaft in Ratzenlehen bei Miesbach.
Mit ihren Lüftl- und Freskenmalereien haben sie unsere Gegend wesentlich bereichert: *Johann Böham:* 1780 Bauernhof bei Wörnsmühl. 1785 Deckengemälde der Friedhofskapelle Bayrischzell. 1789 ist ein Voranschlag für Kanzelmarmorierung und Vergoldung, Kreuzwegtafeln und 3 große Fastenblätter in Elbach verzeichnet. 1798 Deckengemälde der Kapelle in Hagenberg. Beide arbeiteten oft zusammen an einem Werk. Johann Böham ist »sicher bei einem Großteil der Arbeiten beteiligt« (Gebhard).
Johann und Michael Böham: 1772 Lüftlmalerei am Wiedenbauernhof Wörnsmühl. 1786 Lüftlmalerei am Jodlbauernhof Hagenberg.
Die Lüftlmalerei beim Jodlbauer ist wohl ihre glanzvollste Schöpfung. Sie fügt sich farblich sehr belebend in den Aufbau des Hauses und in den Rhythmus der Fenster ein, die feingliedrig mit Rocaillen umrahmt sind, verteilt die Schwerpunkte gleichmäßig und erreicht in aufgelockerter und zierlicher Art eine freudige Gesamtwirkung. In der alpenländischen Lüftlmalerei scheint es wohl nirgends so vollkommen gelungen zu sein, den duftigen, schwerelosen Geist des Rokoko im Bildgefüge einzufangen wie hier.

Beide haben auch Möbel bemalt, so Johann B. den Elbacher Jahreszeitenschrank 1778 (i. Münch. Nat.-Mus.), von ihm bezeichnet: »J. Pöhamb pinxit in Glon coficion in Elbach.« In achteckig gerahmten Landschaftsbildern stellt er die Jahreszeiten in höfischer Form dar. Die übrige Kastenfläche ist reich mit Rocaillen und Rosen ausgestattet. Über die Inschriften siehe das Kapitel »Jahreszeiten- und Schäferschränke«. Von Michael B. stammt auch der Heiligenschrank von 1789, bezeichnet (im abhebbaren Sims): »Michael Böham mallers Son von Glon 1789.« In der Glockenhaustür von Elbach hat er sich 1788 als »Michael Böhamb« eingetragen. Ihm werden ferner zugeschrieben: Heiligenschrank 1801, Heimatmuseum Schliersee. Kammerwagen 1809 aus Rottach, Heimatmuseum Tegernsee, signiert. Heiligenschrank 1810. T. Gebhard schreibt: »Die Schränke von 1785 und 1800 (Stadtmus. München) sind von ungewöhnlicher Pracht und Sorgfalt in der Gestaltung.« Michael B. behielt bei der Ausgestaltung der Bauernmöbel den großflächigen Lüftlmaler-Stil und ließ gerne Brustbilder von Heiligen auf den oberen Schrankfeldern erscheinen.

Heiligenschrank mit Jesus und Maria; im abhebbaren Sims bezeichnet: »Michael Böham mallers Son von Glon 1789«. *H 179, B 135, T 58.*

Jahreszeitenschrank von »J. Pöhamb«, 1778 (Bildinschriften s. S. 94). Bayer. Nat.-Mus. München.

Schäferschrank, 1780. Vermutlich von Johann Böham. H 180, B 110, T 63.

Heiligenschrank mit Jesus und Maria, 1801, von Michael Böham. H 170, B 122, T 48. Heimatmuseum Schliersee.

Dionys Rechthaler aus Schliersee

Der Schreiner- und Malermeister Dionys Rechthaler besaß ein Anwesen in Schliersee. Er wurde am 3. August 1773 hier geboren und starb am 16. Sept. 1853. Rechthaler verfaßte eine noch vorhandene Chronik von Schliersee von 1800 bis 1852, die seine Tochter Margaretha zu Ende führte. In einem späteren Vorwort dazu geht Franz Radspieler 1903 auf Rechthaler ein: »Nach Mitteilung vom alten Bauernbader soll er ein sehr geschickter Mann gewesen sein. Er fertigte Schränke, Truhen mit schönen geschnitzten Aufsätzen. Bei der Bemalung half ihm seine Tochter Lisl, welche auch schnitzen konnte. Dieselbe hat ganz allein den Altar in Agatharied gefaßt und vergoldet. Sie war auch eine gute Konditorin, und ich kann mich noch erinnern, wie sie, bereits erblindet, in den siebenziger Jahren Zwetschgenkuchen machte. Seine Tochter Resel war ebenfalls eine geschickte Faßmalerin, wurde aber später Köchin in München, ging in ihren alten Tagen wieder nach Schliersee, macht sehr schöne Blumen und ist mit ihren 81 Jahren eine noch recht lebendige Person. Sein Sohn Donysl war Besitzer vom Rauchenstein, ein lustiger leichtlebiger Loder.«

Von den Arbeiten Rechthalers können wir vorweisen: einen Bettaufsatz von 1815, rückseitig D. R. eingeschnitten, ferner eine geschnitzte Haustüre in zopfiger Art, ursprünglich farbig gefaßt, eine Deckentäfelung mit DR 1806 und ein Wandkastl mit D R 1802 in gemalter Rocaille-Umrahmung; bei einem anderen scheint die Füllungsschnitzerei von ihm zu sein.

Hirsch- und Gamsbett, eingeschnitzt »D R 1816«. In der gleichen Art auch ein geschnitzter und bemalter Bettaufsatz, in den »D R 1815« eingeschnitten ist.

Haustüre von Dionys Rechthaler an seinem Wohnhaus, um 1800. H 280, B 121.

Stubenwandkastl im Haus von D. Rechthaler, um 1680; von ihm ausgeschnitzt. H 95, B 64.

Heiligenschrank, 1810; bemalt von Michael Böham. Der Vergleich mit der Rahmenschnitzerei Rechthalers am Wandkastl (s. oben) zeigt, daß er auch diesen Schrank geschreinert hat. (Siehe auch Schrank von 1813, s. S. 92.)

Lorenz Gruber aus dem Leitzachtal

Lorenz Gruber lebte von 1823 bis 1868 in einem Leitzachtaler Gütl, auf dem seit 1638 Kistler saßen. Seine Nachfahren besitzen von ihm noch einen Kuchlwagen mit zwei Kästen, zwei Betten und zwei Kommoden. Ein Schrank ist auf der Rückseite bezeichnet: »Lorenz Gruber Kistler- und Mahlermeister 1848.«

Die Ausgestaltung dieses Jahreszeitenschrankes ist klar gegliedert. Rote Marmorierung bildet den Grund, blaue als Sockel-, Sims- und seitliche Einrahmung; verbindend das Himmelsblau in den vier Jahreszeitenbildern. Die gleichmäßig verteilten und deutlich abgesetzten geschnitzten Barockverzierungen mit klassizistischen Einflüssen sind durchweg vergoldet. Den Aufsatz in kräftigen Ranken krönt ein Blumenkorb über einer geflügelten Halbfigur. Der Schrank ist ein würdiges Meisterwerk dieser Zeit.

Prachtschrank, 1848. Geschnitzt, bemalt auf rötlich marmoriertem Grund und vergoldet. Auf der Rückseite bezeichnet: »Lorenz Gruber Kistler und Mahlermeister 1848«. H 204, B 120, T 53.

Ofenkachel mit Jagdszene, um 1800. H 13, B 20.

Spruchgut:

Auf d' Nachat is guat schiaßn
Und auf d' Weitn guat lüagn.

D' Bix tuat hivo,
Da Recha herzua.

Da gschwinda
is da gsünda.

Die Hafner am Urtlbach in Schliersee
Jahrhundertelang waren die Hafner am Urtlbach (heute Sommerauer) die einzige Werkstätte im Schlierseer Gebiet. Sie belieferten mit ihren Erzeugnissen die ganze Umgebung.
Besitzerfolge »zum Hafner am Urtlbach« (entnommen aus G. Wittich; Schlierseer Hofgeschichte):

1523/28	Hans vom Urtlbach
1538/47	Hänsl am Urtlbach
1549/59	Hänsl und Wolfgang am Urtlpach
1562/70	Wolfgang abm Urtlpach
1584/90	Oswalt Zwerger Hafner abm Urtlpach
1612	Martin Zwerger Hafner
1626	Georg Rittinger von Westerhausen, Bistum Mainz (heiratete die Witwe)
1652	Markus Zwerger »Item gibt er järlich das imb die gnädig Herrschaft zu Miesbach veihl haben last 4 ß (Schilling)
1665	Martin Zwerger Hafnermeister
1687	Oswald Zwerger
1706	Josef Behaimb von Hall/Tirol (heiratete die Witwe)
1737	Simon Prem (von Wörnsmühl?)
1774	Simon Prem
1823	Bartholomäus Prem
1857	Franz Paul Prem
1869	Kaspar Mehringer von Bernloh (heiratete die Witwe), wahrscheinlich letzter Hafner.

Aus F. Radspielers Aufzeichnungen 1903: »Beham war ein geschickter Hafner, welcher für die ganze Umgegend Öfen, Figuren, Altärchen fertigte, aber auch Schüsseln und Hafen machte. – Bartholome Brem (1786–1860), genannt Hafner Bartl und August Brem (1788–1840/45) haben ebenfalls Figuren, Öfen und Hausrat gefertigt. Augustin Brem war der Künstler, er hatte einen eisernen Fuß. Er modellierte die Figuren aus freier Hand. Augustin Brem war ein sehr lustiger, nicht lüderlicher Mensch. Er sang öfters das Lied

›I bin der Augustin
Mein Geld is hin, 's Mensch is hin
I wollt von Geld nix sagn
Wann i nurs Mensch kunnt habn.‹

Bartlme Brem soll die Äußerung getan haben: ›Mein Bua hat den rechten Vortl (Vorteil) net und i sag äams net.‹« – Von den Brem oder Prem finden sich in der Umgegend von Schliersee Arbeiten:

T. (Abkürzung aus Gründen des Denkmalschutzes): Christus am Kreuz und Schmerzhafte Muttergottes, Zwei Engel. Diese 4 Stück farbig glasiert, 2 Figuren gebrannt und bemalt.

T.: Altöttinger Muttergottes, Weihwasserkessel, Engel.

Kühzaggl: Kreuzigungsgruppe, seit einigen Jahren beide zerschlagen.

Fischhausen Kirche: An der Außenseite St. Leonhard, Muttergottes und Franziskus. Diese Figuren sind gebrannt und mit Ölfarbe bemalt.

Kapelle in Kasten: Pietà und Christus und Maria farbig glasiert, außen Georg zu Pferd in Ton gebrannt.

Kapelle in Abwinkel: Glasiertes Weihwasserkesselchen, Christus am Kreuz m. Schmerzhafter Muttergottes, gebrannt und bemalt.

W.: Sehr schöne Madonna mit Kind, gefaßt, Mantel vergoldet 1740–80.

M.: ein kleines Täferl, Christus am Kreuz Maria u. Magdalena.

S.: Muttergottes

B.: Hl. Josef

Kapelle Hagenberg: ein glasiertes Weihwasserkesselchen, die armen Seelen, umrahmt mit gewundenen Säulen u. sonstigen Barockornamenten, grün und gelb.

Die Kacheln der hier abgebildeten Stubenöfen sind sehr wahrscheinlich alle Urtlbacher Erzeugnisse, ebenso die 1665 (Schliers) verzeichneten Hafnerarbeiten:

5 weiße u. blabe Kriag, 10 Allerley färbige erdene Schissln, 1 Prauner Virtl Eßig Krueg, 1 Erdenes Handpöchl (Becher), 1 dergleichen Gießfäßl, 8 Erdene Häfen.

Möbel aus Nachbargebieten – Anton Perthaler
Schliersee gehörte wie Miesbach zur Reichsgrafschaft Hohenwaldeck. Die Handwerker beider Orte bildeten eine zunftmäßige Einheit. Ihre Arbeiten heben sich wenig voneinander ab und können deshalb kaum unterschieden werden. Unser Bearbeitungskreis, ein Teil des Mangfallgaues, ist von den hochbegabten Möbellandschaften Tölz, Unterinntal und Brandenberg umgeben. Brandenberger Arbeiten wurden im Bearbeitungsgebiet keine gefunden, aus den anderen Gebieten nur ganz wenig. Daraus kann man schließen, daß selten aus anderen Gegenden eingeheiratet wurde.
Anton Perthaler, 1740–1806, war ein bedeutender Schreiner und Rokokomaler aus Degerndorf bei Brannenburg im Bayerischen Inntal. In seinem Schrank 1765 sind meisterhaft Bandlwerk-Intarsien in den achteckigen Türfeldern nachgemalt.

Blaugrundierter Schrank mit weißer Bemalung, 1767. Vermutlich aus dem Zillertal. H 185, B 135, T 60. – Im Bearbeitungsgebiet ist noch ein ebensolcher Schrank mit dazugehörendem Himmelbett vorhanden.

Schranktür mit Intarsienmalerei; aus der Werkstatt von Anton Perthaler, 1765. H 200, B 137, T 52.

Linke Seite:
Marienfigur; Ton, gebrannt, farbig glasiert; 1. Hälfte 19. Jahrhundert; H 45.

Ofenzierkachel mit Mutter Gottes; Rokoko, farbig glasiert. H 28, B 47.

Die Küche im 19. Jahrhundert – Anrichten

Im Laufe des 19. Jahrhunderts wurde in der Bauernküche der gekachelte Herd eingeführt, mit der Eisengußplatte und ihren Ringen über der nun verschlossenen Feuerung. 1910 war im Schlierseer Gebiet außer den Almhütten nur mehr im Bauernhof »beim Braun« in Abwinkel ein offener Herd bekannt. Der Kachelherd war mit einem Backröhrl und dem Wassergrandl (Schiff) ausgestattet, manchmal sogar mit einem kleinen Backofen. Die hiesigen Hafnerkacheln gab es in drei Farbgebungen: hellblau, rotbraun und weiß-gesprenkelt. Für die Bäuerin bedeutete die Abkehr von der offenen Herdstelle eine große Umstellung beim Kochen. Auch die Küchengeräte und das Kochgeschirr veränderten sich durch die neue Kochart auf der Herdplatte. Ein neuer Feind erwuchs damals den hölzernen Schüsseln, Molterln, Schaffeln und Schöpfern, den irdenen Tiegeln, Hafen und Schüsseln, den kupfernen, messingenen und eisernen Tiegeln (nicht so den Stielpfannen) in dem Emailgeschirr, das nun in der Küche seinen Einzug hielt und alles andere zurückdrängte. Vorteilhaft war nicht nur, daß das Kochgeschirr durch den neuen Herd nicht mehr rußig wurde, sondern daß überhaupt Rauch und Ruß aus der Küche verschwanden. Auch die Wärme zog nicht mehr durch die Kutte ab; dazu hielten die Kacheln warm und die Küche wurde wohnlich. Darum ist man nach siebenhundert bis achthundert Jahren vielerorts wiederum zum Essen in die Küche zurückgekehrt. Die Sitzecken beweisen es.

Bei der mehrmaligen und durchgreifenden Erneuerung der Bauernküche in den letzten 100 Jahren hat mancher Wirtschaftshausrat weichen müssen, so auch die einfache, aber ausgedehnte Anrichte (»Oricht«) als Arbeitsplatz. Sie bestand aus einer Holzplatte, in einem noch gefundenen Beispiel 2,20 m × 70 cm. Diese ruhte auf einem vorne offenen Kasten, der Fensterwand entlang. Unter der Anrichtsplatte war der »Holzkouscht«, der am Samstag aufgefüllt wurde. In der Weiterentwicklung der Anrichte, durch Einbau von Türen und Schubladen und einem zweitürigen erhöhten Aufsatz darüber, entstand anscheinend die Küchenanrichte, auch Schenkkasten genannt, die sich gelegentlich auch in der Stube zwischen Tür und Fenster als Stubenkasten eingebaut findet.

Eingebauter Küchenkasten; angestrichen um 1850. H 208, B 92.
Küchenkasten, 1. Hälfte 19. Jahrhundert; H 190, B 77, T 34.

Eingebauter Schenkkasten in der Stube, 19. Jahrhundert; H 196, B 106, T 42.

Schubladenanrichte eines Landkramerladens, vor 1900. H 108, B 122, T 36.

Bauernküche mit Kachelherd, um 1870. Küche: H 221, L 428, B 345. Herd: H 73, L 212, B 73.

Oben:
Kleine Anrichte, 19. Jahrhundert; H 59, B 62, T 32.

Aufsatzkastl über Anrichte, noch mit Außenbeschläg; 17./18. Jahrhundert; H 54, B 58, T 36.

Die Stube im 19. Jahrhundert

Im 19. Jahrhundert eingerichtete Stuben werden stets verputzt, in neugebauten Häusern sogar mit einer Weißeldecke versehen. Vor allem vergrößert und erhöht man die Fenster. Vertäfelt wird auch nur die Banklehne bis zur Fensterbretthöhe. Später kommen statt dessen lose, nicht mehr wandfeste Bänke auf, die sich nur mehr um den Tisch ziehen, und neben der Stubentür steht jetzt oft ein Geschirrschrank. Der Auszierstil nimmt den gleichen Verlauf wie bei der Kammereinrichtung. Harraßer (1912) schildert die Stube im Leitzachtal so: »Die Stube ist der gewöhnliche Aufenthaltsraum der Familie. An den äußeren Wänden laufen ringsum Holzbänke, unter denen meist Schubladen angebracht sind, darüber eine einfache Täfelung bis hinauf zu den ziemlich hochliegenden, niederen gewölbten Fenstern mit Butzenscheiben. In der vorderen Ecke steht auf schwerem Gestell der runde oder eckige Tisch, im Tischwinkel erhebt sich darüber das Hausaltärchen, Kreuz mit geschnitztem Kruzifixus und ein paar Bilder auf der Herrgottsstelle. In dem Eck bei der Tür zur Ehekammer steht der hohe Uhrkasten mit eiserner Uhr – die Wand von der genannten Türe bis zur Ofenbank nimmt ein Kanapee ein, eine kanapeeartige Bank, höchstens mit einem bescheidenen Kopfkissen und einem Liegesack belegt. Darüber in der Höhe befindet sich noch ein Ruheplatz (Ofenkreister, Ofenbruck, Loderbank), so eigentlich der grübige Ort im Haus. Denn unmittelbar daneben, in der hinteren Stubenecke, erhebt sich der mächtige Kachelofen, bis auf eine oder zwei Seiten freistehend und von Bänken umgeben. Oben um den Ofen herum sind Ofenstangen angebracht zum Trocknen von Wäsche und Kleidern. In die Wand ist der Schenkkasten eingebaut, unserem Buffet ähnlich. Darin wird die Milch aufgestellt, weshalb Luftlöcher ins Haus hinaus gehen. Im Eck daneben ist der Handtuchhalter und vielleicht ein Spiegel. In den Trag- oder Drillbäumen stecken Holznägel zum Aufhängen von Hüten.«

Für das Leben im Bauernhaus aufschlußreich sind auch die früheren Tischsitten in der Stube. Stellen wir uns einmal vor, wir schauen beim Essen zu: »Das Tischdecken und Auftragen ist Sache der Dirn, wo mehrere sind, der Oberdirn. Zubereitet wird immer auf dem Tisch in der Stube. In der Tischschublade sind ständig Tischtuch, Löffel und Brotmesser, unter der Sitzbank daneben hängt das Pfannenholz, am Drillbaum darüber der Dreihax. Auf eines jeden Platz wird sein Löffel gelegt. In die Mitte kommt der Dreihax, zwischen dessen Füße die Schüssel mit dem Zusetzat, darauf in den Ring die Schmalzschüssel.

Am Tisch herrscht genaue Sitzordnung. An dem äußeren Eck an der Ostwand, auf der Wandbank, sitzt der Bauer, ihm gegenüber an dem Eck auf der Südwand, ebenfalls auf der Bank, die Bäuerin, zwischen ihnen im Tischwinkel die Kinder und engere Familienangehörige; auf den beiden anderen Seiten des Tisches, auf Vorbänken, einfachen Holzbänken ohne Lehne mit geraden Beinen, bei rundem Tisch etwas ausgerundet, sitzen die Ehehalten, auf der Seite beim Bauern die Knechte, links der Oberknecht nächst dem Bauern, auf der nächst der Bäuerin die Dirnen, die Oberdirn links neben dem Unterknecht. Alles muß bei der Mahlzeit sein, eigens essen geht nicht an. Ein Tisch, eine Kost! Alles ißt auch aus der gemeinsamen Schüssel oder Pfanne. Das Essen geht schnell, doch ohne Hast. Ein schlechter Esser, ein schlechter Arbeiter! Den Löffel wischt jedes selbst am Tischtuch ab, das alle acht Tage gewechselt wird. Das Tischgebet vor dem Essen wird stehend verrichtet, nach dem Essen noch im Sitzen; beidemal betet die Unterdirn vor.« (Harraßer.)

Dazu noch aus einem Ehhaltenlied:

    A der Fruah kriagst a Suppn,
    z' Mittag Kiachl sper,
    auf d' Nacht gab'ns am liabstn
    scho gar nix mehr her.

Ehhalten sind Dirnen und Knechte:

    De Dirna san oukate Trümma,
    zu der Arbat da muaßt d' as hi'stimma,
    schick i s' außi an Holz a de Daxn,
    teans nix als an Knecht onischnaxn,
    sie halt'n m'an allaweil auf
    und richt der Loder eh net z'vill aus.

Bauernstube von 1842. H 229, L 520, B 499. Heimatmuseum Schliersee.

Bauernstühle im 19. und 20. Jahrhundert

Stühle scheinen im Bauernhaus nie viel vorhanden gewesen zu sein; denn in der Stube hatte man genügend Sitzgelegenheiten, sonst waren sie im Haus weniger nötig. Sie bleiben fast durchweg roh, erst gegen Ende des 19. Jahrhunderts werden sie einfarbig, oft mit dunklerer Farbe abgesetzt, bemalt. Ein Pfostenstuhl wird noch angetroffen. Die Stuhlformen werden von den Stilmöbeln beeinflußt, bäuerliche Biedermeierstühle kommen vor und auch die Lehnen der Brettstühle erhalten Umrisse in Zopfart. Neu treten Stabsessel hinzu mit halbrunder Lehne, durch senkrechte Stäbe mit dem Sitzbrett verbunden.

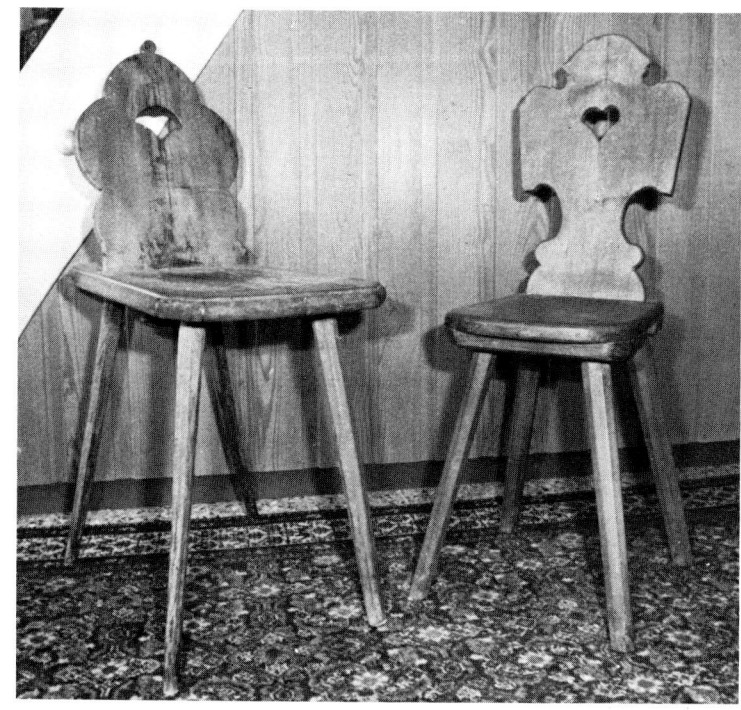

Brettstuhl, um 1910. Angefertigt von dem Schreiner Georg Mayer. H 91, B 41, T 42.

Zwei bäuerliche Brettstühle, 1. Hälfte 19. Jahrhundert; links: H 88, B 36, T 56; rechts: H 89, B 31, T 46.

Stabsessel (»Loahseßl«), 1. Viertel 19. Jahrhundert; H 64, Sitz 40, B 61, T 37.

Pfostenstuhl, um 1810. Einst Wirtshausstuhl im Leitzachtal. Später gestrichen. H 89, B 43, T 38.

Bauernstuhl in Biedermeierart, um 1815. Buche. H 83, B 47, T 42.

Bauernstuhl in Zopfstil, um 1820. H 91, B 38, T 39.

Bauernstuhl in Biedermeierart mit Stäben, 1. Hälfte 19. Jahrhundert; H 89, B 43, T 41.

Stabsessel, frühes 19. Jahrhundert; H 74, B 50, T 34.

Brettstuhl, um 1950, von Bildhauer Ernst Roth; H 81, B 43, T 32.

Aufsätze wölben sich über Kästen und Betten – Bettformen im 19. Jahrhundert

Um 1800 kommt ein neuer Schranktyp zum Durchbruch, angeregt durch das die hergebrachten Formen auflösende Rokoko, das sich immer freier entfaltet. Das emporgewölbte Gesims, oft auch in der Mitte zur Schnecke eingerollt, wird nun häufig bekrönt durch einen Aufsatz in mancherlei Form: anfangs nur ausgeschnitten und bemalt, dann durchbrochen geschnitzt und vergoldet mit Akanthusranken und Blumen, die sich aus der oft durch eine Kartusche betonten Mitte nach beiden Seiten schwingen. Inschrift auf einem Aufsatz eines Heiligenschrankes von 1795:

> Wenn alle Herzen weren wie das Mein,
> So wurden wenig Treue Herzen sein.

Das Himmelbett entspricht nicht mehr dem Zeitgeschmack, sondern zusammenpassende Einzelbetten als Ehebetten ohne Himmel. Das zuletzt ausgeschnittene Kopfbrett des Himmelbettes bleibt als Bettaufsatz, der in mancherlei Form bemalt und geschnitzt wird. Als Malerei enthält er häufig das Jesukind, erst liegend (um 1800), später sitzend (um 1810). Auch bayerische Löwen, Hirsch und Gams schauen auf den Schläfer herab. Das Fußbrett des gemalten Bettes wird mit Blumenschale oder Früchtekorb geschmückt. Die einfachen Pfostenbetten werden für die Ehhalten gewesen sein. Biedermeierlich zeigt sich ein einfaches, klares Kinderbett mit Schublade. Bettinschriften:

Kinderbett 1780:
Ich war als wie ein geduldig Lamm, das zur schlacht Bank gefirt wurde.
Öfters:
Ich liege hier alß wie ein Kind Biß ich aufsteh und straff die Sünd.
Aufsatz 1865:
Liebster Schatz lieb mich alleine und sonst keine.
Bettaufsatz 19. Jh.:
Der gut thut – Der gut ruht.

Ein Fleckerlteppich zierte den Fußboden einer guten Kammer in Schliersee. Zwei Urgroßtanten der Besitzerin haben ihn um 1880 gefertigt. Ausgeschnittene Fleckerl in drei Hauptfarben wurden auf eine starke Stoffunterlage nebeneinander genäht. Blaue Rauten sind dabei von roten umgeben, aber auch von abgesetzten Quadraten. Hellgraue Streifen mit darauf gestickten Zacken rahmen die blauen Rauten ein und verbinden sie zu einer Kreuzform. Jede zweite blaue Reihe ist mit Blumen bestickt, die roten Felder enthalten Spiral- und Olivenmuster. Im östlichen Bayern ist diese Teppichart häufiger gewesen. Die heutigen gewöhnlichen Fleckerlteppiche sind aus Abfallstoffstreifen gewebt. Einfarbige rupfene Blahen, »Blaahä« genannt, legte man früher in der Stube auf den frisch geputzten Boden.

Wiege, auf blauem Grund bemalt, um 1810. H 52, L 87, B 60.

Ehhaltenbett, um 1850. H 105, L 190, B 99.

Kinderbett mit Schublade, 19. Jahrhundert; H 100, L 151, B 75.

Bemaltes Kinderbett mit Darstellung der Johannestaufe. Aufschrift: »17 JR 80« von Johann Reiserer. H 112, L 115, B 58.

◁ *Geschnitztes Bett mit Löwen, um 1800; H 97, B 96.*

Fußteil eines Bettes, 1820–1830, geschnitzt und bemalt; Grund rot marmoriert. H 183, B 90, T 95.

Reichtum an Kommoden

Die höfische und bürgerliche Stilkommode entstand im 17. Jahrhundert. Auf dem Land trat sie erst um 1800 auf. Statt der Truhen wurden jetzt die »Kommod-Kaschtn« hergestellt, niedrige Schubladenschränke, die auf kurzen Füßen ruhen. Die Kommode hat mehrere durchgehende Schubladen übereinander; erst Ende des 19. Jahrhunderts werden statt der oberen zwei kleine Schübe nebeneinander gemacht. Steht auf einem Kommodkasten noch ein Glaskastl für Hochzeitsgeschenke, Andenken und wertvolles Geschirr, dann spricht man von einer Aufsatzkommode; ihr eigentlicher Platz ist die »guate Kammer«. Die aufgefundenen Kommodkasten weisen einen großen Reichtum an Form und Zier auf. Es wäre verfehlt, aus der Auswahl weniger Stücke voreilige Schlüsse zu ziehen, doch die 14 Beispiele zwischen 1800 und 1866 zeigen, ob zufällig oder der Stilentwicklung folgend, nachstehende Merkmale: Die Vorderseite ist anfangs gewölbt, dann eben. Die Eckkanten dieser Möbel sind erst rechtwinklig, von 1830 ab in der Mehrzahl abgeschrägt. Bis 1830 überwiegen abgeflachte Kugelfüße, dann vierkantige konische, gerade oder geschweifte Beine. Aufsatzkommoden kommen ab 1830 vor. Sind es erst meist zwei Schubladen, so mehren sich später Kommoden mit drei Schüben. Bis 1830 enthält eine Schublade zwei oder drei Felder, nachher fast nur mehr eines. Blaue Grundfarbe herrscht gegen Grün vor. Die Füllungsfläche wird nach 1810 andersfarbig abgesetzt. Fast alle Kommoden sind bis 1830 bemalt, später keine mehr. Schnitzerei ist ab 1820 festzustellen, anschließend sind alle Stücke mit Schnitzarbeiten versehen. Als Schmuck erscheinen erst Ranken und Blumen, die dem Rokoko zugehören, etwa ab 1820 Zopfstilformen, dann um die Jahrhundertmitte andersartige Gewächsranken in den Schubladenfeldern. Abschließend wird darauf hingewiesen, daß Kommoden nie datiert sind, da sie ja ursprünglich zu einem Kuchelwagen gehörten, bei dem nur Bett und Schrank eine Jahreszahl trugen.

Aufsatzkommode, um 1830. Kommode: H 75, B 90, T 52; Aufsatz: H 71, B 50, T 29.

Aufsatzkommode, 1866. H 202, B 97, T 47.

Gewölbte kleine Kommode, um 1800. Auf blauem Grund rot bemalt. H 45, B 63, T 35.

Kommode, Anfang 19. Jahrhundert; hellblauer Grund. H 80, B 109, T 60.

Rotmarmorierte Kommode mit geschnitztem Aufsatz, um 1830. H 79, B 89, T 52.

Kommode, um 1825; roh; beschnitzt. H 78, B 105, T 61.

Kommode, um 1850. Füllungen geschnitzt. H 79, B 102, T 55.

Kommode, um 1830; Grund sandfarben, Füllungen grün. H 81, B 127, T 62.

Kommode, nach 1850; Füllungen geschnitzt. H 77, B 106, T 59.

Kommode, Anfang 19. Jahrhundert. Blauer Grund, bemalt. H 75, B 73, T 48.

Letzte Pracht – Ausklang

Die bürgerliche Möbelkunst hat nach 1820 ihre Ausstrahlungskraft verloren. Sie pflegte im Biedermeier einen schlichten Stil. Freier und unabhängiger als früher lebte der Landmann in friedlichen Zeiten und genoß die Früchte seiner Arbeit. Vielleicht sind das die Gründe, warum die Auszier der bäuerlichen Möbel nach 1800 in überschäumender Gestaltungslust einem Höhepunkt zutreibt, der in den 30er Jahren erreicht wird und bis zur Jahrhundertmitte anhält. Die großartigste Entfaltung erleben wir bei den Kleiderschränken. Das Ornament beherrscht mehr die Schauflächen, die kleinen ovalen Bilder treten zurück. Überschwenglicher Schmuck breitet sich aus wie niemals zuvor. Reiche Schnitzereien der Türfüllungen und Friese, der Aufsätze wie der gewölbten Lisenen, gehöht noch durch die Vergoldung sowie die Belebung mit Farbe, lassen festlich und jubelnd barocke Pracht wieder auferstehen. Prachtschränke möchte man sie nennen. Der Mittelpunkt dieser Stilart ist im Mangfallgau zu finden, weshalb ihn T. Gebhard Stil des Mangfallgaues benennen will. Vorbild dieser Gestaltungsart, die im Prachtschrank ihren Gipfel erreicht, war zweifellos die kirchliche Kunst des Barock und Rokoko, ohne die dieser bäuerliche festliche Stil wohl nicht zu denken ist.

Nach 1850 haben sich Schwung und Glanz in der Möbelherstellung schnell verloren. Einfache Formen, klassizistisch, neugotisch oder biedermeierlich, kamen in Mode, teils in braungemasertem Anstrich. Schließlich wurde wieder in vereinfachter barockisierender Art geschreinert und bemalt. Der Schlierseer Malermeister Franz Paul Huber (1860–1901) aus Schöllang im Allgäu hat ein Möbelverzeichnis hinterlassen, in dem 43 Einzelmöbel farblich abgebildet und nach Garnituren geordnet sind. Es erscheinen Aufsatzbetten, ein- und zweitürige Schränke, Truhen, Wandkastl, Nachtkastl, Uhrkasten, Aufhängebrett, Stühle, Tische, Aufsatzkommoden, Hokker, Handtuchhalter und Bänke. Die Farbgebungen: blau mit gelben Füllungen, grün mit roten, gelb mit blauen oder ganz marmoriert. In den Füllungen: IHS- und Maria-Zeichen, Herzen mit Strahlenkranz, Heilige, Jesukind, Blumenvasen und Früchtekorb. Umrandungen: einfache Rocaillen, Zopfgirlanden und Pflanzengerank. Die Möbelzeichnungen zeigen Anklänge an die erste Jahrhunderthälfte in serienmäßiger Ausführung. Huber beschäftigte 30 Gesellen. Der Schlierseer Schreinermeister Anton Staudacher (1854–1936), gebürtiger Tegernseer, schreinerte die abgebildeten Möbel in der Werkstätte; früher fertigte der Schreiner seine Arbeiten auf der Stör im Hause des Auftraggebers.

Die Möbel aus der Zeit von 1830 bis 1850 müssen einen nachhaltigen Eindruck hinterlassen haben. Bis heute noch werden in romantischer Rückerinnerung Bauernmöbel nach dem damaligen Formengut ohne erkennbare Weiterentwicklung wiederholt. Dabei ist die gediegene und werkgerechte Ausführung anzuerkennen.

Bett. Farbzeichnung von Paul Huber, Malermeister aus Schliersee, in seinem Möbelverzeichnis, 1899.

Prachtschrank, 1836. Geschnitzt, bemalt und vergoldet; in den ovalen oberen Feldern Jesus (mit Kelch und Brot) und Maria. H 214, B 114, T 44.

Anhang

Kistler (Schreiner) aus Schliersee			**Kistler (Schreiner) aus dem oberen Leitzachtal**		
Hausname			Elbach und Fischbachau		
Am Antritt	um 1635	Wolf Haimertsreiter, Meister,	Hausname		
	um 1650	Hans Haimertsreiter,	Broi am Lehen	1699–1781	Johann Reiserer,
	1734–1774	Quirin Finner,		1745–1814	Johann Reiserer, er war ein kunstreicher Schreiner und Kistler wie sein Vater,
Zum Bauernfeicht	um 1736	Hans Schmidt,			
An der Burg	um 1733	Barth. Harzberger,			
Zum Flori	1773–1850	Dionys Rechthaler,			
Kistler am Gstad	1625–1664	Hans Schazmann, Meister,		1777–1828	Johann Reiserer, er stürzte 1828 als Malergehilfe beim Fassen des Hochaltares in der Aiblinger Pfarrkirche vom Gerüst ab und war sofort tot,
	1660–1687	Georg Sandbichler,			
	1670–1732	Hans Sandbichler,			
	1693–1731	Jakob Sandbichler,			
	1737–1797	Sebastian Sandbichler,			
Zum Hainzen	1702–1784	Hans Harzberger,	Kistler in Greisbach	1643–1748 (!)	Georg Schmid, 1697 die Porkirchen in Niklasreuth und anderes getafert,
Am Ledersberg	1740–1763	Franz Schmidt,			
	1741–1787	Sebastian Schmid,			
	1765–1794	Sebastian Schmid,			
	1799–1831	Andreas Schmid,	Saliter in Greisbach	um 1717	Matthias Schmid, beim Bau der Wallfahrtskapelle Birkenstein mitgewirkt,
	1816 1881	Georg Mayer, aus Vagen,			
	1871–1930	Georg Mayer,			
An der Schwaig	1609–1630	Wolfgang Briefer, Meister, (verh.)	Kistler am Hammer (Mietleute)	1774–1846	Georg Halbmaier,
	1842–1923	Georg Mayer,		1811–?	Kaspar Schreyer,
Urban	um 1761	Urban Ebner, Schnitzer und Zimmermann aus Tirol.	Beim Jocham	um 1638	Johann Schmid, Kistler, wie alle Nachfolger,
				um 1697	Matthias Schmid, 2 Meßgewandkästen für die Fischbachauer Kirche gefertigt,

Hausname		
Rechenmacher	1823–1853	Lorenz Gruber,
	um 1803	Wolfgang Schmid,
Schmalzer in Priel	1671–1750	Thomas Schmid,
Unter-Gieß	1654–1716	Thomas Schmid, arbeitete als Kistler und Schnitzer in der Elbacher und Niklasreuther Kirche,
ferner	um 1775	Josef Hagn von Elbach, er fertigte Tabernakel für die Kirche,
	um 1686	Kaspar Schindler, Bildschnitzer von Elbach, fertigte die Prangstangen dort,
Niklasreuth		
Heißkistler	1558–1629	Georg Kistler, zu Alten-Waldeck hörig,
Klein-Halmannseck	um 1580	Georg Halmannseder,
	um 1607	Ägid Halmannseder, Sohn.

Aus einem Schachtelbrief von 1794 für den Kistler am Ledersberg

Wir Carl Theodor von Gottes Gnaden Pfalzgraf bei Rhein Herzog in Ober und Niederbajern des heil: röm: Reichs Erztruchseß und Kurfürst zu Jülich, Kleve und Berg Herzog, Landgraf zu Leichtenberg, Fürst zu Mörs, Marquis zu Bergen op zoom Graf zu Veldenz, Sponheim, der Mark und Ravensberg, Herr zu Ravenstein etcetera Bekennen als einzig regierender Landesfürst für uns, unsere Erben und nachkommend regierende Fürsten mit diesem offenen Brief daß wir aus Gnaden dem Sebastian Schmid Unseres Kastenamts respective Grafschafts Gerichts Hohenwaldeck zu Miespach daß von seinen Vorfahren bisher freistiftsweiß innegehabte Kistler Gütl am Ledersperg samt Zugehör wie solches alles im Wallnerischen Liquid Libell de anno 1740 fol. 17 Nr 40, dann Grafschaftischen Stifts-Register/fol. 24 enthalten/ nach Meynung unseres Gnädigsten General Mandats de dato 3^{ts} (tertius) Mey 1779 dergestalt auf Erbrecht verliehen haben und in Kraft dieses Briefes dergestalt verliehen und verlassen, daß er und all seine Erben und rechtmässige Nachkomen besagts Urbar zum Kistler am Ledersperg ein Erbrechtnis ist nun hinfüro innhaben benützen geniessen und gebrauchen sollen und mögen . . .

Dankschreiben

Im Namen Sr. Königl. Hoheit des Herrn Herzogs Maximilian in Bayern wird dem Kunstholzschneider Mayer (Ledersberger) zu Schliersee für die Höchstdenselben verfertigte und übersendete, mit Beyfall aufgenommene geschnitzte Cigarren Büchse eine silberne Medaille mit dem Brustbild Sr. Ken. Hoheit nebst 8 Kronenthaler als Ehrung dafür im Beschlusse übersendet.
München den 23ten November 1850
    Auf höchsten Befehl
        C. Theodori
    K. Geh. Sekret. u. Kanzl. Rath.

Gesellenzeugnis

Wir Aelteste und sämtliche Meister des Haus-Zimmer-Amts in der Königlichen Dännemarkischen Stadt Altona bescheinigen hiermit, daß gegenwärtiger Gesell, Namens Veit Huber von Parßberg in Beirn gebürtig, so 33 Jahr alt und von Statur Mitler auch Braunen Haaren ist, bei uns allhier – Jahr 2 Wochen in Arbeit gestanden und sich solcher Zeit über treu, fleißig, still, friedsam und ehrlich, wie einem jeden Handwerksgesellen gebühret, verhalten hat; welches wir also attestiren, und deshalben unsere sämtliche Mit-Meistere, diesen Gesellen nach Handwerks-Gebrauch überall zu fördern, geziemend ersuchen wollen.
Altona 4 May 1800
    Ober-Meister, Johann Andreas Höfer
    Ober-Meister, Anton Kreßl
    Laden-Meister, Nikolaus von Peinn
    Meister wo obiger Gesell in Arbeit
    gestanden: Johann Andreas Höfer
S i e g e l
(mit Zirkel, Winkelmaß,
gekreuzten Beilen
und Inschrift:
Kundtschaft 1683)

Vom Hausputz

Da das Hauswesen unserer Gegend den Durchreisenden schon früher als reinlich aufgefallen ist, soll kurz berichtet werden, wie das Haus saubergehalten wurde. Zum Zusammenkehren in Haus und Tenne wird der »Wisch« hergenommen. Dazu wird ein Buschen frischer, tännerner, armlanger Daxen gebunden und ein Stiel hineingestoßen. Für Stall und Hof ist der »Besen« aus Birkenreisern da. Als Handbeserl hat man den »Boischtling«, Roßhaarbesen, oder einen Flederwisch (Gansflügel). Zum Putzen muß zuerst eine Aschenlauge, »Laugn«, angegossen werden. Dabei wird Holzasche in einem Hafen mit heißem Wasser übergossen und umgerührt. Wenn sich die Asche gesetzt hat, ist das Wasser darüber die Aschenlauge, mit der geputzt und gewaschen wird. Holzdecken, Holzwände und rohe Holzeinrichtung werden mit einem Knäuel aus Kuhhaaren, »Haar-Rigl« oder »Putz-Rigl« geheißen, und der Aschenlauge abgerieben (Bürste vertieft die Jahrringe!), dann mit Putzhader und klarem Wasser nachgewischt. Holzböden werden am Samstag mit Schrubber (am Stiel eine Wurzelbürste), Lauge und Sand (gibt weiße Böden) geschrubbt; nachher wird auch mit Wasser nachgewischt. Ebenfalls wird das Holzgeschirr in der warmen Lauge mit dem »Hoadreispe« (zusammengebundenes Heidekraut) gesäubert, Zinngeschirr nur mit gebrühtem Zinnkraut, Kupfergeschirr mit Essig und Salz. Übrigens wurde früher auch die Wäsche mit Aschenlauge eingeweicht und ausgekocht, dann auf dem »Rumpe«, dem Waschbrett aus Hartholz mit Querrillen, auf und ab gerieben, z. B. das »Tischwiache« (Tischtuch). Hernach wurde »gschwoabt« (gespült), ausgewunden und auf den Laubenstangen getrocknet. Beim Stöbern – großer Hausputz vor Ostern und vor Kirta – werden im Frühjahr gewöhnlich auch die gemauerten Räume geweißelt; dem »Kalch« wird Magermilch zugesetzt zum Festigen und »Kuahdatschi«, wenn es nicht decken mag. Die Fenster werden beim Stöbern ausgehängt und im Wassertrog am Haus klargewaschen.

Aus einem Volkslied:
    In das Stubn drinn tean ma nix secha
    bein helliachtn Tag, s'is a Gfrett,
    da is amal a Wolknbruch gschecha
    da hat's uns as Fensta volett.

    Des ander is ganz in Scherbn brocha
    vo außn verschlagn mit an Brett
    vo drin tean ma Lumpn neischoppn,
    weil sischt da Wind einageht.

Einige Wort- und Sacherklärungen

Arbeiten des Holzes	Quellen bei Feuchtigkeit, Schwinden bei Trockenheit.
Baluster	niedrige Säule mit profiliertem Schaft.
Beschlag	metallene – meist eiserne – Ausrüstungsteile an Türen, Fenstern, Möbeln; Schlösser, Scharniere, Griffe, auch Verzierungen. »Angeschlagen«.
Bohle	starkes Brett.
Docke	niedrige profilierte Säule (oder Brett).
Dübel	Holznagel in vorgebohrtem Loch; verbindet 2 Holzteile miteinander.
Falz	z. B. Einschnitt des Türstockes, in den die Türe hineinpaßt. »Überfalz«, wenn die geschlossene Türe über den Türstock reicht.
Feder und Nut	von 2 zusammenstoßenden Brettern hat eines in der Längsrichtung eine Ausbuchtung (Feder), das andere eine dazupassende Vertiefung (Nut).
Gesims	waagrechtes, profiliertes, vorgeblendetes Brett, als oberer Abschluß einer Wand oder eines Möbels.
Hirnholz	Schnittseite eines Baumes oder Brettes.
Karnies	Verbindung von Hohlkehle mit Stab.
Klieben	Holz spalten.
Laden	starkes Brett.
Leim	früher aus Topfen (Quark) und gelöschtem Kalk.
Lisene	wenig hervortretender, senkrecht verlaufender, schmaler Streifen zur Gliederung der Fläche.
Nut	siehe Feder.
Pilaster	flacher Wandpfeiler mit Fuß, Schaft und Kapitell.
Schneiden	gesägtes Holz fault leichter, weil die äußeren Holzzellen aufgerissen sind.
Sockel	unterer Abschluß einer Wand oder eines Möbels.
Spalten	z. B. Schindel klieben, Die Zellwände werden nicht aufgerissen, gespaltenes Holz hält im Freien Jahrzehnte.
Spunden	Holzverbindung mit Nut und Feder.
Stollen	senkrechtstehendes Tragbrett.
Verzapfen	durch Zapfen verbinden, z. B. werden als Verbindung in ein Brett 3 rechteckige Öffnungen ausgestemmt, in die 3 Zapfen eines anderen Brettes genau hineinpassen.
Zarge	Einfassungsrahmen unter der Tischplatte oder dem Stuhlsitz.

Quellen und Schrifttum

Andrelang Franz, Landgericht Aibling und Reichsgrafschaft Hohenwaldeck, München 1967

Arndt Johannes, Germanische Kunst, Leipzig 1935

Aufleger Otto/Halm, Philipp, Bauernhäuser aus Oberbayern, München 1900

Baur-Heinhold Margarete, Deutsche Bauernstuben, Stuttgart 1961

Bedal Karl, Haus und Hof in Fichtelgebirge und Frankenwald, Hof 1975

Behn Friedrich, Altgermanische Kunst, München 1930

Beitl Klaus, Landmöbel, Salzburg 1976

Benker Gertrud, Altes Küchengerät und Kochpraxis, in: Bayer. Jahrb. f. Volkskunde 1972/1975, Volkach 1975

Benker Gertrud, Altes bäuerliches Holzgerät, München 1976

Berlepsch H. A., Die Alpen in Natur und Lebensbildern, Jena 1866

Bossert H. Th., Ornamente der Volkskunst, Tübingen 1952

Brunhuber Joseph, Chronik des oberen Leizachtales, Fischbachau und Hundham 1928

Campell Bettina, Die Engadinerstube, Bern 1973

Colleselli Franz, Bauernstuben, Bauernmöbel in den Alpen, Innsbruck 1968

Deneke Bernward, Bauernmöbel, München 1969

Deneke Bernward, Franz Zell als Sammler ländlicher Altertümer, in: Bayer. Jahrb. f. Volkskunde 1972/1975, Volkach 1975

Dingler Max, Geschriebene Mundart, Erfurt 1941

Döllgast Hans, Alte und neue Bauernstuben, München 1938

Dolz Renate, Bauernmöbel, München 1972

Dresselly Anton, Schliersee und Umgebung, München 1896

Dresselly Anton, Schliersee und der Mangfallgau, Schliersee 1907

Einrichtungsverzeichnis des Georg Rieder um 1645, Schliersee, Handschrift in Privatbesitz

Einrichtungsverzeichnisse 1665 und 1734. Ordinariats-Archiv München, Resignationen und Verlassenschaften Schliersee

Einrichtungsverzeichnis 1766 des Wolfgang Gasteiger zu Brembrhain. Handschrift in Privatbesitz

Fastner Herbert, Bauernmöbel des Bayerischen Waldes, Grafenau 1976

Fendl Mari, 25 Almsommer. Handschrift in Privatbesitz

Führer zu vor- und frühgeschichtlichen Denkmälern, Bd. 18, Mainz 1967

Gebhard Torsten, Die volkstümliche Möbelmalerei in Altbayern, München 1937

Gebhard Torsten, Wegweiser zur Bauernhausforschung, München 1957

Gebhard Torsten, Alte bäuerliche Geräte, München 1969

Gebhard Torsten, Der Bauernhof in Bayern, München 1975

Genghamber Wolfgang, Ehrvatter oder Hotzetladungsverrichtungen, in: Kunst und Riss Buechl, Holzolling 1732

Geramb Viktor, Die Kulturgeschichte der Rauchstuben, Heidelberg 1924

Hahm Konrad, Deutsche Bauernmöbel, Jena 1939

Hähnel Joachim, Stube, Münster 1975

Hansen Hans-Jürgen, Meisterwerke handwerklicher Kunst aus fünf Jahrhunderten, Oldenburg 1970

Haushofer Heinz, Wir Bayern, Berlin 1935

Her Bernhard, Schliersee und Umgebung, München 1852

Hornung Maria, Rauchküche und Rauchstube in Osttirol, Wien 1964

Huber Franz Paul, Farbige Möbelentwürfe, Schliersee 1899

Karlinger Hans, Deutsche Volkskunst: Bayern, Weimar 1935

Kataloge:
  Norwegische Volkskunst, Opladen 1962
  Schwedische Volkskunst, Opladen 1966
  Sveagold und Wikingerschmuck, Mainz 1968
  Bayern, Kunst und Kultur, München 1972
  Das Holz in der rumänischen Volkskunst, München 1974
  Volkstümliche Möbel aus Altbayern, München 1975

Kimmig Wolfgang/Hell Helmut, Schätze der Vorzeit, Stuttgart 1965

Kiem Pauli, Sammlung oberbayerischer Volkslieder, München 1934

Kislinger Max, Alte bäuerliche Kunst, Linz 1963

Lechner Ludwig, Das Leitzachtal, München 1927

Lipp Franz, Oberösterreichische Stuben, Linz 1966

Meister Peter/Jedding Hermann, Das schöne Möbel, München 1958

Meyer-Heisig Erich, Deutsche Volkskunst, München 1954

Molendo M./v. Dessauer H., Bad Schliersee, München 1862

Moser Oskar, Kärntner Bauernmöbel, Klagenfurt 1949

Müller-Christensen Sigrid, Alte Möbel, München 1948

Nemec Helmut, Alpenländische Bauernkunst, Wien 1966

Noë Heinrich, Baierisches Seebuch, München 1865

v. Obernberg Joseph, Geschichte der Kirchen und Ortschaften Westenhofen und Schliersee, in: Oberbayerisches Archiv Bd. 2, 1840

Oxenstierna Eric Graf, Die Nordgermanen, Stuttgart 1957

v. Platen August, Tagebuch, Stuttgart und Augsburg 1860

Radspieler Franz, Aufzeichnungen, Schliersee 1903. Handschrift in Privatbesitz

Rechthaler Dionys, Chronik von Schliersee 1805–1853. Handschrift in Privatbesitz

Rice David Talbot, Morgen des Abendlandes, München 1965

Richter Albert, Quellenbuch für den Unterricht in der deutschen Geschichte, Leipzig 1888

Ried H. A., Die Miesbacher Landbevölkerung, Jena 1930

Ritz Josef M., Deutsche Bauernmöbel, Darmstadt, o. J.

Ritz Josef M. und Ritz Gislind, Alte bemalte Bauernmöbel, München 1968

Ritz Gislind, Alte bemalte Bauernmöbel: Europa, München 1970

Rothdauscher Gertraud, Bäuerliche Nebenbauten im oberen Leitzachtal, 1972

Rubi Christian, Berner Bauernmalerei, Bern 1971

v. Schaden Adolph, Beschreibung des Tegern- und Schliersees, München 1832

Schäfer Dietrich und Verband deutscher Architekten- und Ingenieurvereine (Herausgeber), Das Bauernhaus im Deutschen Reiche, Dresden 1906

Schaubach Adolph, Nordtirol, Vorarlberg und Oberbaiern, Jena 1866

Scherer Anton, Die Urheimat der Indogermanen, Darmstadt 1968

Schmeller Joh. Andreas, Bayerisches Wörterbuch, München 1872

Schmidt Leopold, Bauernmöbel, Wien und Hannover 1967

Schondorff Erica, Möbel, Haus und Wohnung, München 1953

Schrank Franz von Paula, Reise nach den südlichen Gebirgen von Baiern 1783, München 1793

Schrott Ludwig, Bayern – Land und Volk: Die Volkskunst, München 1952

Schuchhardt Karl, Vorgeschichte von Deutschland, Berlin 1928

Stein, Spaziergänge in und um Schliersee, Augsburg 1874

Steub Ludwig, Das bayerische Hochland, München 1860

Swoboda Otto, Alte Holzbaukunst in Österreich, Salzburg 1975

Thiersch August, Das Bauernhaus im bayerischen Gebirge und seinem Vorlande, München 1900

Tombar Ilona, Alte ungarische Schreinermalereien, Budapest 1967

Uebe F. Rudolf, Deutsche Bauernmöbel, Berlin 1924

Wasserzieher Ernst, Woher? Ableitendes Wörterbuch der deutschen Sprache, Bonn 1959

Windisch-Graetz Franz, Mittelalter und Renaissance, Braunschweig 1963

Wittich Gerhard, Schlierseer Hof- und Familiengeschichte. Manuskript in Privatbesitz

Zell Franz, Bauernmöbel aus dem Bayerischen Hochland, Frankfurt 1899

Orts-, Sach- und Personenverzeichnis

Abwinkel 108, 110
Adltruch 45
Adlung 9
Agatharied 104
Aibling 52, 102, 125
Almabtrieb 19
Almer 30
Almerin 17, 18, 19
Almglocken 15, 19
Almherd 16
Almhütte 11, 17, 110
Almkratt'n 19
Alpbach 48
Altenwaldeck 126
Anrichte 28, 110
Antritt, Am 125
Anz'n 19
Asenstange 20, 75
Aufdoppeln 34
Aufleger 12
Aufsatz 79, 104, 106, 110, 116, 122
Aufsatzbett 116, 122
Aufsatzkommode 59, 118, 122
Aurach 28

Bachwisch 16
Backofen 11, 15, 16
Baderhaus 38
Badstube 11, 15, 16
Badstubenofen 16
Baluster 128
Bank 17, 21, 28, 32, 75, 84, 112, 122
Bauernbader 104
Bauernbrot 16
Bauernfeicht, Zum 125
Bauernmöbel 24, 26, 122
Baumtruhe 21
Bayrischzell 9, 17, 102
Behaimb Josef 107
Beitl K. 62
Berlepsch 10, 11
Beschlag 26, 128
Bett 26, 96, 116, 118
Betthimmel 62, 90
Betttruhe 62, 63, 65
Bettzeug 62
Biderer, Holzfaßl 20
Biege (»Buag«) 10
Birkenstein 9
Blahe 116
Blecksteinhaus 10
Blockbau 9, 10, 15, 16, 32, 45
Blumenschrank 90
Blumenvasenmalerei 61, 62

Bodenstedt 59
Böham Johann 94, 102
Böham Michael 102
Bohle 128
Brandenberg 10, 109
Brannenburg 109
Braun in Abwinkel 110
Brem August und Barth. 107
Bretterdecke 33
Brettstuhl 86, 114
Briefer Wolfgang 125
Broi am Lehen 125
Brotschießl 16
Brunnen 29
Brunnentrog 21
Brunhuber 36, 50
Bugarat 20
Burg, An der 125

Dachreschn 10
Dachstollentruhe 21
Däxen-Khraill 27
Daller, Ritter von 100
Decke 17, 32, 33, 48, 100, 112
Degerndorf 109
Deichan 29
Deichbohrer 29
Deisenried, Deisenrieder 9
Dexl 27
Dezimalstube 32
Dill 11, 28
Docke 128
Drechsler 21
Dreselly 47, 48
Drihax, Dreifuß 17, 27, 72, 112
Drischbe 15, 34
Dübel 128
Durchschlag 28
Dürnbach 14

Ebner Urban 125
Egern 97
Ehhalten 67, 72, 112, 116
Ehkammer 59, 62, 100, 112
Einschubleisten 34, 76, 84, 86
Einschubleisten-Tür 34, 79
Eisensteckl 27
Elbach 26, 52, 76, 100, 102, 125, 126
Emailgeschirr 110
Ember 17

Faimblöffl 27
Falz 128
Faßmaler 21, 46
Felderdecke 33

Feldergliederung 88
Fendl Mari 19
Fenster 15, 32, 36, 75, 96, 110, 112
Feuer- und Futterhaus 28
Feuerhund, Foirhund 17, 28, 72
Finner Quirin 125
Firstbaum 10
Firsthaus 10
Firstsäule 10
Fischbachau 17, 24, 68, 72, 102, 125
Fischhausen 9, 16, 47, 66, 97, 107
Flachdach 10
Fleckerlteppich 116
Flederwisch 28
Flötz, Fletz 11, 27, 28, 60, 79
Flöz Cammer, Fletzkammer 27, 45, 59
Flori, Zum 125
Foirhund 17, 28
Foirwagn 20
Füllungstür 34, 79
Fürbank, Vorbank 32, 112
Fürkopf 60
Füspo 17
Fußbank 84
Fußboden 33, 116

Gang, Hausgang 11, 27, 28, 38, 44, 59
Gebhard Torsten 10, 12, 15, 56, 97, 102, 122
Geländer 60
Genghamber Wolfgang 50
Geometrische Verzierung 22
Gerät 26
Germanen 9, 23
Germanisches National- museum Nürnberg 68, 100
G'halter 22, 30, 54
Glonn 102
Goethe, J. W. v. 22
Gotschalk 48
Granzer 76
Gratleistentür 34
Greisbach 100
Gruber Lorenz 106, 125
Grunderin Anna 18
Gschäder 34
Güterbeschreibung Schliers 1617 29, 75
Gunkel 32
Gwölbl auß der Khuchl 27, 29

131

Haarbrechstube 16
härben 45
Haffner 48
Hafner am Urtlbach 21, 107, 108
Hagenberg 102, 108
Hagmoarin 19
Hagn Josef 126
Haimertsreiter Wolf und Hans 125
Hainzen, Zum 125
Halbkasten 54
Halbmaier Georg 125
Hall (Tirol) 107
Halm 12
Halmannseder Georg, Ägid 126
Handwerker 21, 22, 26, 32, 88, 100, 109
Harraßer 9, 10, 60, 72, 112
Harzberger Barth., Hans 125
Hausaltar 12, 47, 75, 107, 112
Hauseinrichtungsverzeichnis von 1645, Schliersee 11, 26, 28, 30, 45, 62
Hauseinrichtungsverzeichnis Schliersee 1665 26, 32, 42, 62, 66, 108
Hauseinrichtungsverzeichnis Schliersee 1735 62
Hauseinrichtungsverzeichnis 1766 Brembrhain 21, 26, 38, 72, 75
Hausfensterl 34
Hausham 21
Hechenberger 102
Heiligenschrank 92, 97, 102, 116
Heimatmuseum Bad Aibling 48
Heimatmuseum Miesbach 97
Heimatmuseum Schliersee 36, 47, 97, 102
Heimatmuseum Tegernsee 102
Heißkistler 126
Hell 40
Herd 27, 28, 41, 72, 110
Herrgottswinkel 12, 75, 90
Herzog Maximilian in Bayern 127
Himmelbett 50, 60, 62, 63, 65, 97, 116
Himminacht 18
Hintner 10
Hirnholz 128
Hoagascht 41
Hochleger 17
Hochkreut 17
Hohenwaldeck 26, 48, 96, 109
Holzarten 21
Holzblockhaus 21
Holzolling 50

Holzstreifenmalerei 90, 100
Holzzapfentür 15, 34
Huber Benedikt 16
Huber Franz Paul 122
Huber Veit 127
Hütt'n 17
Hundham 17, 74
Hur 28, 72

Illyrer 9, 10
Indogermanen 23, 24
Inschrift als Reim 30, 54, 59, 76, 78, 79, 88, 92, 94, 116, ferner im Text zu Bild 62, 89, 92, 99, 107
Intarsien 24, 52, 56
Irgenbauer 29

Jahreszeitenschrank 94, 102, 106
Jocham, Beim 125
Jodlbauer 76, 102

Kachelherd 110
Kachelofen 29, 40, 47, 112
Kammer 11, 14, 17, 27, 44, 45, 48, 59, 62, 112
Kammer, gute 48, 59, 60, 116, 118
Kammertür 76
Kanapee 112
Kapelle 12
Kappenholz 20, 34
Karnies 128
Kasten 11, 30, 43, 45, 47, 54, 60, 61, 68, 70, 75, 110, 116
Kasten (Ortsteil) 108
Kasten, eingerichteter 54, 59
Kastentruhe 45
Kehlä, Mauerkehle 38, 79
Keller 11, 17, 29, 33, 38
Kelten 9
Kenthaus 40
Khrautprennttl 27
Kimpfl 27
Kirchberger 11
Kislinger 23
Kiste 45
Kistler 21, 46, 50, 100, 106, 125, 126
Kistler Georg 126
Kistler in Greisbach 125
Kistler am Gstad 125
Kistler am Hammer 125
Kleiderschrank, -kasten 66, 67, 88, 122
Kleidertruhe, Kleider 45, 46, 50
Klein-Halmannseck 126

Klieben 128
Kloo 9
Kobel 20
König Max II. 59
Kommode 50, 66, 96, 106, 118
Kouscht 15, 28, 45, 110
Kreister 17
Kreisterkammerl 17
Kreuztisch 41, 82
Krucken 16
Küche (Kuchl) 11, 28, 29, 38, 40, 59, 62, 72, 74, 110
Kuchäwagn, Kuchlwagen 50, 106, 118
Küchenherd 16
Kühzaggl 108
Kufstein 97
Kuttenholz 72

Laden (Brett) 33, 128
Ladwand 10
Larcher 9
Laube, Laabn 60, 84, 96
Lechen 102
Ledereranwesen 96
Ledersberg, Am 125, 126, 127
Leim 128
Leitzach 9, 48
Leitzachtal 10, 21, 48, 50, 60, 68, 74, 100, 106, 112, 125
Leitzachtalerkasten 68
Leitherin Katharina 97
Lindner Pirmin 97
Lisene 128
Loahseßl 86
Lüftlmalerei 102
Luke 36

Mainwolf 9, 36
Mangfallgau 24, 109, 122
Marbach 48, 56
Marmorierung 90, 106
Maurer Hofreuth 76
Mayer Georg 125, 127
Meier Helmbrecht 40
Michlbauer 21
Miesbach 12, 17, 26, 102, 107, 109
Milchbuttn 17
Milchluk 17
Milchseich 17
Miller Ursula von Wait 74
Mittelflurhaus 12
Mörtltruch 45
Molendo 9, 48
Müller-Christensen S. 21
Münchener Stadtmuseum 68, 102

Namenszüge 90, 92
Nationalmuseum München 47, 97, 102
Neidhart von Reuenthal 32
Nemec 23, 44
Niederleger 17
Niklasreuth Wirtshaus 76, 126
Nut und Feder 22, 33, 128

Obergschwendtner 21
Oberleitner 9, 21
Obernberg von 48
Odenhuber Ull 50
Ofen 11, 15, 16, 32, 33, 40, 75, 107
Ofenbrucken 40, 112
Ofeng'schal 40
Oseberg 44

Parsberg 127
Perthaler Anton 109
Pfannahoba 20
Pfannbrett 74
Pfannholz 38, 112
Pfostenbauweise 9, 21
Pfostenbett 21, 62, 116
Pfostenstuhl 21, 42, 114
Pfostenwangentisch 82
Pichler J. N. 97
Pies Eisen 27
Pilaster 128
Pitschen 32
Platen von 9
Prem 107
Probst, Brooscht 29, 47
Probststube 47, 66
Pucher Jakob 36

Raachluk 20, 28
Radltruch 45
Radspieler Franz 104, 107
Rafen 10
Ratzenlehen 102
Rauchenstein 104
Rauchküche 28
Rechenmacher 126
Rechthaler 47
Rechthaler Dionys 96, 104, 125
Reichan-Tür 34
Reider Martl 20
Reiserer Johann 76, 96, 100, 125
Ried H. A. 50
Rieder 9, 45
Riederin Maria 102
Riegel, Verschluß 34
Rindenkobel 20
Rittinger 107
Ritz J. M. 30, 32

Röhrprunn 29
Romantik 9
Rottach 97, 102
Rousseau 94
Rührkübel 17
rupfen 32, 116

Saliter in Greisbach 125
Salzburg 97
Sandbichler Georg, Hans, Jakob und Sebastian 125
Schablonen 24
Schablonen-Malerei 56
Schaden von 9
Schäferschrank 94, 97, 102
Schaffl 17, 32, 110
Schalk, Hochzeitskleid und Frauenfesttracht 54
Schaubach 9
Schazmann Hans 125
Schenkkasten 110, 112
Scherm 15
Schindler Kaspar 126
Schlierach 9, 48
Schliersee, Schliers 9, 11, 17, 21, 24, 26, 28, 30, 47, 59, 62, 96, 97, 104, 107, 109, 110, 116, 122, 125, 127
Schlierseer Blumenschrank 70
Schmalzer in Priel 126
Schmeller J. A. 20
Schmid Sebastian, Andreas, Georg, Matthias, Johann 125
Schmid Wolfgang, Thomas, Sebastian 126
Schmidt Hans, Franz 125
Schmiedwirtshaus 76
Schmucktrücherl 45
Schnapper, Türverschluß aus Holz 20
Schneiden (Holz) 128
Schneidtruchen 45
Schnitzenbaum, Schnitzenbaumer 9
Schnitzer 21
Schnitzerei, Schnitzwerk, schnitzen 88, 96, 100, 104, 106, 112, 116, 118, 122
Schöllang im Allgäu 122
Schragen 41
Schragentisch 41, 82
Schrank 26, 30, 48, 50, 54, 56, 59, 66, 68, 88, 90, 92, 94, 96, 102, 104, 106, 109, 112, 118, 122
Schrank Franz von Paula 9, 26
Schreyer Kaspar 125

Schublade 47, 66, 67, 70, 75, 84, 110, 112, 118
Schüsselrehm, Schüsselrahmen 17, 38, 60, 72, 74
Schupfen 11, 15
Schutzheilige 92
Schwaig, An der 125
Schwarzlotmalerei 56
Sechter, Söchter 17, 32
Seibold K. 17
Seichbrettl 18
Seifert A. 10, 60
Seitstollenbauweise 22, 44, 84
Sessel, Seßl 42, 58, 86
Silltruch 65
Sims, Gesims 32, 46, 88, 116, 128
Sinnbilder 23, 61, 90
Skandinavien 10
Sockel, Sockeltruhe 32, 47, 68, 70, 128
Söller, Soller 11, 38, 45, 79
Sommerauer 107
Spalten (Holz) 128
Speise (Speisekammer) 28, 29, 33, 38
Spodl, Gstadl 20, 45
Spruchgut 10, 12, 13, 21, 26, 32, 34, 36, 50, 54, 74, 106
Spunden 22, 128
Spundloch 33, 59
Stabsessel 114
Stadel 10, 11, 12, 14, 15, 28
Ständerbau 9, 10
Stall 10, 11, 12, 17, 28, 38
Staudacher Anton 122
Steg 41, 58
Stegmann 52
Steildach 10
Stein 48
Steingraben 17
Stell 17, 38, 79
Steub Ludwig 9, 70
Stiege 38, 60
Stilkunst 22, 24
Stilmöbel 24, 26, 58, 90, 114
Stoagadn 28, 29
Stög 9, 16
Stöger 96
Stör 50, 100, 122
Stollen 128
Stollenbauweise 21
Stube 11, 12, 14, 15, 32, 38, 47, 59, 62, 75, 79, 96, 110, 112, 114, 116
Stubendecke 11, 33, 46
Stubenkammer 11, 33, 59, 82
Stubenofen 16

133

Stuhl 21, 42, 50, 58, 114, 122
Stuhlbezug 58

Taafa, Täfelung 32, 112
Tegernsee 24, 58, 97, 122
Thiersch Aug. 28
Thiersee 97
Tisch 17, 21, 28, 32, 41, 47, 75, 82, 112, 122
Tischsitte 112
Toaggaz, Teiggatze 20, 21
Tölz 21, 52, 59, 109
Torturm-Malerei 50, 52, 62
Trach 72
Tram 33
Troadkasten 15, 45
Truhe 22, 26, 44, 45, 47, 56, 61, 104, 118, 122
Truhenwagen 45
Tür 20, 34, 47, 68, 76, 100, 104, 110
Tür, gestemmte 34
Türschnalle 34
Türschwelle 15

Uhrkasten 43, 112, 122
Unter-Gieß 126
Urban 125
Urtlbach 21, 107, 108

Vagen 125
Verzapfen 20, 128
Vierzger 78
Volkskunst 22, 24, 61
Volkslied 18, 20, 21, 48, 112
Vorhagl 17

Waldeck 9
Wandbank 112
Wandkastl 38, 66, 75, 79, 104, 122
Wandnischen 38
Wandschrank 47
Wasmeier Günter 46
Wasserbaum 10
Weber am Anger 14
Weidling 17, 18
Weißbaiche 18

Weißmalerei 56
Werinher der Gaertenere 40
Werkzeug 21, 26
Westenhofen 9, 16
Westerhausen 107
Westerndorf 102
Weyarn 24, 63, 97
Wiebeking v. 12
Wiedenbauer 76, 102
Winkl 18
Wittich Gerhard 21, 107
Wölflbauer 76
Wörnsmühl 38, 102, 107
Wohnkultur 26

Zarge 41, 128
Zell Prof. 12, 50
Zierreihen 23
Zimmermann 21, 22, 34, 46
Zopf-Stil 88, 96, 100, 104, 118
Zuhaus 14, 59
Zwerchhaus 10
Zwerger 107